AKA Louis

La Proclamation du Raisin

Manifeste Poétique d'Ivresse/s x de Délivrance

© 2019, AKA Louis
© *Silent N' Wise / Silencieux X Sage*
Couverture, Textes et Artwork
Par AKA Louis
Éditeur : BOD – Books on Demand,
12 – 15 rond-point des Champs Élysées,
75008 Paris
Impression: BOD - Books on Demand,
Allemagne

ISBN: 9782322187263

Dépôt Légal: Novembre 2019

Table Des Matières

I/PréAmbule
1/La Proclamation du Raisin /9
2/Avertissement /13
3/A Propos de Style /15
4/Résumé de Cet Opus /16
5/La Ponctuation Dans Le Texte /17
6/Notes de Lecture /18

II/La Proclamation du Raisin
Manifeste Poétique d'Ivresse/s x de Délivrance
189 Textes Poétiques /21
Entre 2 Indes, La Lune... /230

III/Bio x Infos
1/ Bio /243
2/ Contact x Liens /245
3/ Ouvrages de L'Auteur /246
4/Audio x Vidéos /248
5/ Conseils de Lecture/1 /250
6/ Conseils de Lecture/2 /251

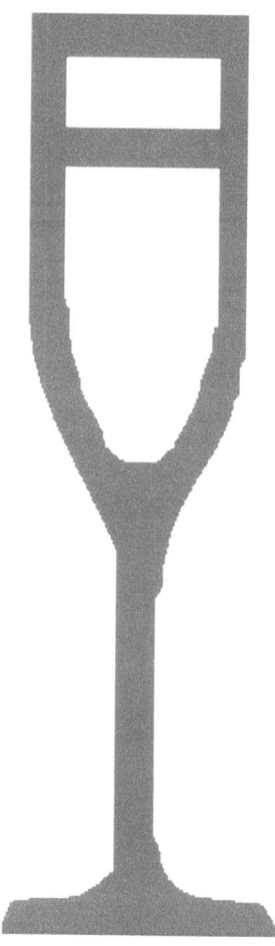

PréAmbule/
Avant Propos/Notes x Avertissement/s de Lecture

Je Suis Vêtu_
De Blanc_ Devant
Le Lune_

Je Suis Un Maure_
Qui se Tient
A L'Horizon

...

'AKA'

Bois du Vin x
Oublie Tout...

Il Ne Nous Reste,
Que L'Oubli...

x Le Pardon...
Du Cœur_
Alors, Bois Avec,
Moi...

Aux Fleurs, x A La
Vie...

'AKA'

1/La Proclamation du Raisin

Le Sentiment de L'Attente, N'Est pas
Dans La Durée, Mais dans La Conquête
de L'Instant.
Le Sens de La Piété, N'Est pas dans
L'Ostentation Mais Dans La Pratique
Pure, sans Théories.

L'Orthodoxie, La Plus Visible,
N'Est qu'Un Jeu de Lumière/s Et de Miroirs...
Elle N'Existe, Sous sa Forme Réelle,
Que Dans La Certitude du Cœur Et des Actes.
Pas Forcément Dans Le Regard de *L'Autre*...

Et C'Est ce qui Rend La Question du
Sacré Si Difficile à Saisir...

La Difficulté A Pouvoir Tout Réduire
Aux Concepts, Prouve, L'Importance de
L'Enjeu de La Culture Et de L'Art...

Le But Premier d'Une Œuvre Poétique Est
Donc de Proposer Des Expériences Concrètes,
de Sens, et de Sons, Mais Aussi de Couleurs,
Et de Clarté... Afin que Les Parfums Et Les
Nuances, Soient Accessibles A Chacun...

L'Enjeu du Rationnel Est Fondamental...
Mais Que Peut-On Vérifier sans Expérience

Et Pratique... ? L'Ivresse Donne Carte Blanche Aux Perceptions du Cœur... Dans Toute La Gravité de ce qu'Il A d'Authentique...

'La Proclamation du Raisin', N'Est qu'Un Simple Aperçu, de ce que Peut Être, L'Univers de La Culture, Comme Expérience Liée A une Pratique, Et à Un Travail, Sur Soi, Dans L'Amour du Prochain,
Pour L'Élévation de Soi Même, Et d'Autrui...

Pour Cela, Il faut Admettre, Son Ignorance, Sous toutes Ses Formes, Et Lutter Contre L'Obscurité, Sans Passer A Coté de La Lumière du Contraste... Cela, N'Est pas facile...
Cela Est d'Autant Plus Difficile que Le Chemin Est Jonché de Pièges...

Mais Pour Celui Qui A passé L'Épreuve de La Raison... La Culture, Est Un Immense, Terrain, d'Aventures Et de Découvertes, Où Le Dynamisme, Et La Nouveauté Va de pair Avec La Créativité...

C'Est La Discipline qui rend Cela Possible...

Et Non, La Licence, Irraisonnée...

L'Enjeu de La Culture Est Donc Le Dépassement des Souffrances... Qui Mène Au Pardon, Et à L'Humanité Fraternelle qui Va Avec...

Tout Ne Peut pas Être Dit C'Est Sûr...
Et Il Ne Sert à Rien de Trop Parler...

Et Si La Poésie Évoque, Le Cœur,
Alors Le Langage, Ou Le Verbe, s'Avérera
Libérateur... Entre Deux Silences...

Le Monde de L'Âme N'Est pas Un
Monde de Ténèbres...

Et L'Univers du Cœur,
N'Est Pas L'Occasion de Chute de Celui
Qui Sait Être, Ivre...

Il Faut Discerner La Bêtise, Où Elle
Est, *Quelle que Soit* sa Forme...

Il Faut En faire de Même, Pour
Les Ténèbres, qui se Cachent
Parfois, Là Où Elles Ne Peuvent
Être Découvertes...

Être Éclairé N'Est pas Seulement
Un Domaine, d'Exactitude...

C'Est Aussi Une Question de Fluidité,
Comparable A Celle du Vin,
Et de L'Ivresse Poétique...

C'Est Cette Approche qui Permet,
Et qui Nous Pousse à Oser Une Poésie,

qui, Tout En Ayant Une Certaine Tenue,
A Un Brin d'Audace,
Pour Faire Avancer,
Un Débat...

Ou Un Ensemble de Questions,
Sans Forcément Y Répondre...

Mais En Proposant, Une Méthode,
Pour Continuer à Vivre Et à
Aimer...

L'Enjeu de La Diversité des Cultures,
Est Une Sujet Majeur, de
Notre Époque, Et des Décennies
à Venir...

La Question des Conflits,
Souvent Suscités, par
Le Rejet, La Haine, Et
L'Ignorance,

Doit Nous Avertir de Changer
Notre Mode de Vie...

Bien Sûr que L'Alcool, Au
Sens Prosaïque, Ne Peut que Faire
des Dégâts...

Mais La Sagesse d'Une Ivresse Poétique,
Est Une Pratique qui Donne de L'Espoir.

2/Avertissement

Ce Livre Ne Fait pas La Promotion
d'Expériences dangereuses...

L'Objectif N'Est pas d'Inciter à Boire,
Mais à Oser des Disciplines de Vie,
Alternatives...

L'Ivresse *Représente* Le Plaisir de Vivre
Et le Goût de Vivre...

Et Le Choix du Mode De Vie,
Va Avec L'Amour que L'On A Pour
Soi Et Son Prochain...

La Notion d'Interdit Et de Tabou,
N'Est pas Présente dans toutes Les
Cultures Contemporaines...

De Celles qui Représentent Le Plus
La Modernité...
A Celles qui Ont Conservé, Un
Brin d'*Originalité*...

La Manière dont On Aborde
Ces Questions Relève du Travail Sur
Soi, Et de L'Approche de L'Environnement...

L'Équivalence de La Culture Et du Travail,

Doit Être Mise En Relief, Afin
d'Eviter Les Mauvais Jugements...
Hâtifs... Ou *Aveuglés*...

La Mention de Différentes
Sphères Géographiques, dans ce Livre,
Ne Prouve pas Nécessairement,
Une Connaissance Anthropologique,
Académique...

Mais Elle Évoque Un Amour de
L'Humanité Sous Une Diversité
de Formes qui Est Enthousiasmante...
Et Jubilatoire...

C'Est de Cette Ivresse Fraternelle
Dont Nous Voulons Parler,
Lorsque Nous Parlons de *Proclamation
du Raisin*...

Là Où L'Ivresse Est Clarté,
Les Ténèbres, N'Ont que Peu de Place,
Et Finissent Par fuir...

Proclamer Le Raisin, C'Est Proclamer L'Humanité
dans Tout Son Contraste Et sa Lumière...

Afin que Nous Puissions Marcher
En Frère, ou En Ami,
*Et Ne Pas Craindre de Vivre, Vraiment...
Ou, Autant que Possible...*

3/A Propos de Style

Nos Textes n'Ont de pas prétention à La Sagesse, ou Aux Sens Cachés. Ils constituent, avant tout une Invitation, à Vivre, que Nous transmettons, après l'avoir Nous Mêmes reçue. Nous ne faisons qu'évoquer des aspects culturels, accessibles à tout le monde, et à celui, en particulier, qui sait se frayer un chemin, malgré les apparences trompeuses. La Dimension Allégorique et Métaphorique des Textes des Poètes Orientaux, est faite pour éveiller la Jeunesse, et lui permettre de trouver un Espoir et une Issue. Derrière la façade des Plaisirs, et de la Licence, apparentes seulement, ce sont les plus grands thèmes, et les tensions existentielles les plus épineuses, qui sont évoquées et résolues par l'Ivresse. Sans Pouvoir Atteindre l'Intensité et la Noblesse de cette, Ivresse Pieuse, nous avons choisi à travers nos Œuvres, le But de perpétuer un certain État d'Esprit, en l'actualisant avec l'Ère Moderne et le Style Contemporain. Les Fondamentaux du Langage soutenu sont là, mais la Fantaisie, n'est pas absente... L'Ivresse Poétique, n'est pas seulement un Domaine, de Lettres, Mais aussi une Discipline de Vie...

(Dans ce Livre, La Question du Narrateur, Reste Posée, Mais Ni Le Lecteur, Ni L'Auteur, Ne Sont Obligés d'Y Répondre)

4/Résumé de Cet Opus

L'Ivresse, En Tant que Discipline,
de Vie, Et de Lettres,
Mène Tout Droit, A L'Absolution
De Nos Ignorances Cruciales...
'La Proclamation du Raisin',
Est Un Sursaut Poétique, face
Aux Ténèbres. Une Invitation à
Croire En La Paix, Et Non En La
Peur, Suscitée, Par Les
Incompréhensions Mortifères,
Résultant d'Un Manque de Croyance,
En L'Humanité La Plus Simple.
La Foi La Plus Vive, Est Celle, de
Boire, Un Verre de Vin, Au Milieu,
du Désert, quand Il ne Reste, Plus
Rien que Les Dunes...
A Travers, des Sphères de Cultures,
De Refuges Intérieurs, Et
d'Espace de Sérénité d'Orient,
Interne/s, AKA Louis Livre 189 Textes
Poétiques, Évoquant L'Ivresse La Plus
Salvatrice, Et La Plus Lumineuse,
Pour Éblouir, Les Âmes, Avides, de
Poésie, Sans Jamais Dire, ce qu'Il Faut
Lire Ou Penser... Mais Inviter à Vivre,
Sans Mesure... Autre que L'Humanité,
Authentique...

5/La Ponctuation Dans le Texte

Virgule/, : Une virgule marque un léger temps d'arrêt. Idem pour une coupure : (…)
Points de suspension/ … : Les points de suspension marquent environ deux temps d'arrêt et de silence.
Doubles points de suspension/ … … : Deux groupes de points de suspension marquent environ quatre temps soit une mesure d'arrêt.
Saut de ligne : Un saut de ligne marque une pause, bien sentie. Un saut de deux lignes marque une double pause, bien sentie. Un grand tiret/ _ : Un grand tiret marque une pause subtile, avec appui sur la dernière syllabe. Retour à la ligne : Un retour à la ligne marque un rejet d'un mot, mis en valeur au début du vers suivant, avec un appui sur la fin du vers précédent. X ou x : Un « x » signifie « et ». Tempo : La durée des temps d'arrêt ou de silence se détermine par rapport au tempo de la lecture. Ce tempo est celui d'une lecture « normale ». Elle est plutôt vive et rapide, mais laisse place aux mots. // La rythmique des textes n'est pas toujours évidente, mais elle est bel et bien présente. Le Lecteur doit retrouver la dimension verbale, et musicale poétique, et accéder ainsi à la Signification Interne. Ces éléments de ponctuation ne sont que des indications. Leur utilisation relève parfois, aussi, de l'esthétique. L'emploi inhabituel des majuscules est pure Licence Poétique, et ne doit pas dérouter le Lecteur.

6/Notes de Lecture

L'Humour Fait Partie de L'Entreprise Poétique
d'Une Œuvre Évoquant L'Ivresse...
Il Crée Une Distanciation, qui Ajoute de
La Profondeur, Là Où L'Évocation Est
Parfois Difficile à saisir...

Ce Livre s'Adresse d'Abord A des Lecteurs
Avertis, Ou Soucieux de L'Être,
Encore Plus...
Le Goût pour La Poésie Bacchique Perse,
Ou Orientale et Asiatique,
Éclairera, Le Lecteur, sur L'Enjeu
de Perpétuer ce Style et de
L'Actualiser...
Il En Va de Même Pour La Poésie Mystique
Et Amoureuse, d'Orient, qui Est,
Aussi, Une de Nos Sources d'Inspiration
Évidentes...
Le Thème du Texte 'Entre 2 Indes' Nous A Été,
Suggéré, Par le Poète Et Artiste
Oranz Naamé.
Un Grand Voyageur, Et Défenseur de
La Diversité des Cultures.

La Mention du Nom RéZA dans Le Livre,
Ne Fait Pas Référence Au Personnage Historique.

#Poesie #Bacchique #Perse #Iran #Turquie
#Humanisme #Ivresse #Art #Beaute #Asie

La Proclamation du Raisin/
189 Textes Poétiques

Le Raisin_ Est
Proclamé...

La Rosace_ Est
Élevée_

En L'Horizon_
Du Pardon
...

'AKA'

Pourquoi_
Une Corolle_
Pourpre...?

Pourquoi_
*Des Vers_* Pour
Évoquer_
Le Vin...?

'AKA'

A L'Horizon_
Le Vin_

Dans Un Verre

En Éclosion/s_
Les Fleurs_
x Les Sphères_
Du Raisin...

'AKA'

1.

J'Ai Bu du
Vin_
Jusqu'à ce
Qu'Il En Coule
Dans Ma Barbe...

Depuis_

Elle Est Rouge

x Je Prêche_
Le Raisin_
A Travers_
Contrées x
Horizons...

'AKA'

2.

Des Oiseaux
Sont Venus
Enseigner_
En Silence...

A Celui_ qui
Boit_ du Vin...
Étourdi du Parfum
Des Fleurs...

Afin_ qu'Il Voit
L'Éclat_ de L'Aube...

x S'En Réjouisse...

'AKA'

3.

J'Appartiens
A Une
Madrassa_
Invisible...

Changeante_
En Direction/s_
Temps_ x En
Aurore/s...

Il Y Fait_
Bon Vivre_

x Étudier_

Culture/s_
Art/s
x Embellie/s

Par Pratique_
Sans Théories_

Seulement_

x Uniquement

'AKA'

4.

Le Contraste_
De L'Arabité_
S'Est Résolu_

Dans L'Avènement
De La Perse_
Paroxystique...

En Équilibre/s_

x Harmonie/s_ de
De Beauté/s, x de Bonté/s...

Car,

L'Imamat_

Des Corolles_ x du
Vin_
Pourpre...

N'A Pas Craint_
De Faire de
L'Ivresse_ Un
Salut...

Pour Les Sans_
Salut...

5.

Tremble_
Entre_ mes
Mains Comme
Une Rose...

Le Vent_
A_
Fait Vaciller
Les Astres,
Comme_

Des Gouttes_
De Rosée_
Aux Abords
D'Une Corolle...

Je Perçois_
Le Monde_
Entre_ Deux,
Horizons...

Je Suis_
Perdu_ d'Avoir
Pris_ Un Azur,
Pour Un_
Néant...

D'Al Khôl...
Pourpre_ ... ...

6.

Ce Soir...
La Lune_ Est
Turquoise... ... !

En Haut_
D'Une Colline_

Traversée_
Par des Rivières
*De Fleurs_*

Pourpres_
D'Ébène/s_
Sombres...

*Mais Étincelée/s_*
D'Aurore/s...

J'Entrevois_
Une Route_ Vers
*L'Asie_*

*En Refuge_*
*Des Âmes_* dans
La Quête de Soi...

'AKA'

7.

Je Suis Un
Arabe_ Devant,
Dieu...

Je Suis_
Un Perse_ Face
Au Néant...
Le Plus Terrible

Un Bédouin_
Vêtu_ de Blanc_
A Levé_
Son Bâton...

Pour Mettre_
Fin A La Lutte,
Des Anges_ de
Soleil x Lune...

'AKA'

8.

Contraste_
D'Arabité...

Élans_
Guerriers_
Persanisants...

Sagesse_ de
L'Aurore x
De L'Aube...

Coupe_ de
Vin_ En
Victoire_
Des
Reclus_

'AKA'

9.

Le Maure_ se
Tient_ dans
L'Horizon_
Du Néant...

Vêtu_ de
Blanc_ x
Armé_ d'Un
Sabre_
Courbé_ Telle
La Lune_
A Son Summum.

'AKA'

10.

Arabité_ En
Contraste_
Insoluble...

*Persanité_*
Résolue_
En Aurore_
Resplendissante

Haute_ Lune_
D'Un_ Maure_
*En Équilibre_*
Entre Deux
Songes...

Vêtu_ de
Blanc_ face
Au Néant_
Qui s'Epanouit

x s'Auréole_
De Son_
Sabre, Traitre,

Eclipsant... ...

'AKA'

11.

Contraste_
Insoluble_
D'Arabité...

Sourire_
De La Lune_
A Son,
Summum_
D'Oiseau_ Libre

...
Colombe_

Rose...

Ivresse_
Pure_

De Danse_
Entourbée...

De Derviche_
Perdant_
Ses Repères_

En Paradoxes_
De Vers_
Calligraphiés_
Pour Rendre_
Soul_

x Digne_ d'Oubli.

'AKA'

12.

*La Persanisation_*
De L'Oubli_

A fait_ Naître_ des
Roses_ *Noires_*

Dans Les Jardins
Du Néant_
Reverdi/s... ...

13.

Les Jardins_
De La_
Vacuité_

*Ont Abreuvé_*
*Des Roses_*
*Noires_*

De Lumière,
*D'Aurores_*
Pourpres...

Dans Le
Cristal_ de
Beauté_
De La Rosée_
Salvatrice...

Reflétant_
Les Confins_
Insondables_
De La Perse_
Parallèle...

'AKA'

14.

J'Ai_
Étudié_ En
Silence...

Puis, Je
Suis Parti_
En Quête_
D'Un Verre
De Vin...

Les Oiseaux_
M'Ont Guidé_

Les Horizons,
Stellaires_
Aussi...

Au Beau_ Milieu
Du Désert_

J'Ai Trouvé_
La Coupe_
Promise_

Au Cœur_
D'Une Oasis_

Bénie_ d'Une
Colombe_

15.

Le Derviche_
S'Enivre_
De Vin,
Jusqu'Au
Néant_ de
L'Oubli...

Ivre_ de
Fleurs_ x
De Senteurs_
Des Essences_
De L'Art_

Tandis_ que
Des Dévôts_
Austères_
Courent,
Après des
Prophètes x
Des *Dieux*_

Qui N'Ont
Jamais *Existé*...

Ignorant_
Ce Au Nom_
De Quoi, Ils
Ont Fait_ Le
Mal...

16.

Un Arabe_
*Sombre_*
Dans Un
Désert_ *Clair*
Obscur...

De Dunes_
Blanches_ Aux
Creux_ x
Cambrures_
Rappelant_

Ceux_ des
Gazelles_
Enivrées...

De Liberté...

S'Abreuve_
Du Vin_ Clos_ x
Pourpre_ Doux_

De L'Azur_
Sourd_ x
Inexistant...

Entre_ Rosée_
x Verdure/s_
Renouvelée/s...

Par Delà
Mirages_ x
Contrées_
Inconnues...

Pour La Seule_
Beauté_ d'Être,
Ivre...

'AKA'

17.

J'Ai Bu_ Un
Verre de Vin

x J'Ai Été_
Déclaré_
*Trop, Sobre_*
Pour Être,
Dévot../.

Les Fleurs_
Se Sont_
Assagies...

x Ne Veulent,
Plus_
Éclore_
Qu'Après_
La Prière_ du
Matin...

Pour Mille_ x
Un Parfums_
Qui En
Sortent_
Les Corolles,
Comptent_
Autant_
De Pétales...
Aussi Jolis_

Mon Tapis_
Est
D'Arabesque/s

Rouge_ Est
Sa Couleur_
x D'Aurore_
Est Son_
Teint_
Catégorique_ ... !

'AKA'

18.

Entre_ Le
Tek,
x L'Ébène_
De Mille x
Un Joyaux
Ornés...

Le Choix_
S'Avère_
Difficile,
Mais Pas
Impossible_
En Temps,
Voulu...

Quitte A
Tout_ Perdre_
Autant
Choisir,
Un Radeau_
De Fleurs...

Les Pétales_
Flottent_
Plus Aisément,
Sur_
L'Eau_ de
L'Océan_ du
Néant...

19.

Le Verre_ de
*Vin_*
Est Le
Summum_ de
La Prosternation.

La Lune_ Est
*Haute_*
*x La Voie_*
*Qui Y Mène_*
Est Un_ Tapis_ Orné
D'Arabesques.

Il N'Y a
Pas d'Explication,

*Pour La Piété_*
*Qui Flirte_*

Avec Le Blâme_
x Le Souffre_
Des Belles Lettres...

Il N'Y a
Pas d'Humiliation,
*Empourprée_*

Qui Fassent, Tant
Naître_ des Roses, x
Des Colombes...

20.

Je Ne
Crois_ Plus
En Grand_
Chose_
Mais Je
N'Abandonnerai
Pas Ma
Prière_

Un Verre de
Vin_ x
Quelques_
Fleurs_
Est Tout ce
Qu'Il me
Reste_ Pour Lui
Donner du Parfum...

x Du Goût_

x Des Nombres_
De Perles_

x Des Gestes_
De Danse_

x Volutes_
D'Encens...
Fin_

Au Fur x à Mesure
Que Le Temps_
S'Écroule_

Les Rosaces_ Font
Disparaître
L'Univers...

'AKA'

21.

Je Préfère_
Boire_ du
Vin_ que de
Croire_ En
*Un Dieu_* qui
Me Trahira
A La Fin de
Ma Vie...

'AKA'

22.

Tracer_ des
Calligraphies_
De Poésie_
Dans Une_ Pièce
Sans Fin...

Sans Porte_
Ni Fenêtres_
Avec Pour
Ornements_
Seuls_

Un Tapis_
Rouge_

x Un
Verre d'Al Khôl...

Sur Le Sol_

x Dans Les
Airs_ des
Colombes_ qui
Apparaissent_

Puis s'Eclipsent

x Des Corolles_
Qui Viennent
Éclore_

En Esquisses
Luminescentes...

Est L'Art_
D'Être_ Maure_
x Vêtu de
Blanc_ Face Au
Néant Éternel...

En Madrassa_
Invisible...

Dans La Solitude.

'AKA'

23.

Le Paradis_
Est Fait_
De La Courbe_
D'Un Verre
De Vin_

Dont_ L'Ivresse
Évoque_ L'Art
De La Danse_
x Du Chant_
Mélodieux_

De Colombes_
Rares_

Aux Yeux_
De Khôl_
Calligraphiés_

x De Fleurs_
Douces_

De Rosée_
Bénies_

Pour Un_
Horizon_ de
Lumière/s...

24.

Être_ Artiste
Est ma
Manière_ A
Moi_ d'Être
Dévoué...

Sans Songer
A La
Misère du
Lendemain...

Mais Aux Fleurs
Qui Viendront_
Éclore...
Au Matin_

x Au Beau_
Sourire_
Bienveillant_
De La Lune...

'AKA'

25.

Donne_ Moi
De L'Amour...

Donne_ Moi
Des Fleurs_

Aux Contours

Veloutés

...
Donne_ Moi
Des Rivières
De Vin_
Sans Détour...

x L'Ivresse_
Pour Séjour_
Des Âmes_
Exaltées...

x Tranquilles...

'AKA'

26.

Je Récite_ des
Poèmes_

Ivre_ x
Entouré de
Fleurs...

Les Jardins_
Clos_
Sont_ Reverdis

Puis_
Empourprés...

Aussi...

Étincelés...

De L'Eau_ de
L'Aube...

Sur Un
Lagon_ de Clarté

Naviguent_
Des Cygnes_
Majestueux...

Prêts_ A
Chanter_ Une

Dernière Fois...

'AKA'

27.

Un Cygne_
d'Iran...

Un Oiseau_
De L'Aube...

Une Rose_ de
Turquie_
x d'Ivresse_
Salutaire...

Un Océan_ de
Bonté_ x de
Beauté_
Inattendues...

'AKA'

28.

Ma Solitude_
Est Ma
Dévotion...

Au Paradis_
Des Roses_
Claires...

Tracées de
Lumière_ x
D'Aube...

J'Ecris_ des
Vers_

Car...

J'Ai des
Frères_
Aux Confins
Des Horizons...

x J'Ai Une
Coupe_ de Vin_
A Partager_

Entre Derviches...

Selon_ La Danse_
Des Extases_ Imprévues...

29.

Ma Solitude_
Est Ma
Dévotion...

Au Paradis_
Des Roses_
Claires...

Tracées de
Lumière_ x
D'Aube...

J'Ecris_ des
Vers_

Car...

J'Ai des
Frères_
Aux Confins_
Des Horizons...

x J'Ai Une
Coupe_ de Vin_
A Partager_

Entre Derviches...

Selon_ Des Modes_
D'Extases_ Imprévus...

30.

Je Trace_ Une
Esquisse_ de
Rose/s_ x
De Sabre_

Tiré/s
De La Lune...

Vers La Qibla
Imprévue_ des
Chorégraphies_
Circumambulatoires

Dans Un_
Combat_ Contre
Soi-Même_
Jusqu'Au Retour
Vers L'Horizon

Du Néant_
x Du Suprême...

Cœur_
Ailé_ Absolu.

Là, Où_
Une Coupe_ de
Vin, Nous Attend...

31.

J'Ai Senti_
L'Appel_ du
Verre de
Vin...

x Mon Cœur_
S'Est Réjoui_

Se Sentant_
Pousser des
Ailes...

Jusqu'Aux
Confins_ des
Horizons_ de
Roses...

x Des Silences_
De Clarté...

'AKA'

32.

Adepte_
D'Al Khôl...

Seigneur du
Raisin...

Horizon_
Redoutable_ de
L'Imam_ Reclus_

Prêchant_
Le Verre_ de
Vin_ A Qui, Veut
Le Boire...

x Les Roses_
Parfumées_
A Qui Veut_
Éclore...

'AKA'

33.

*Au Rythme_*
*Des Vers_*

*S'Elève_*

L'_'AKA'
Le Khôl...

Rouge_
Ou_ Pourpre_

Bienveillant_
Comme_ *Un*
Frère_ x Un
Frère...

Béni/s_ En
L'Horizon_
D'Ivresse/s_

*x Du_ Néant_*

Fleuri/s_ x
*Couronné/s_*
En Roses...

Fleuri/s_ x
Couronné/s_
En L'Art_

Décrit/s_ x
Enluminé/s_ de
Prose/s...

'AKA'

34.

Je Suis_ Un
*Arabe_*
Devant_ *Dieu_*

Je Suis_
Un Poète_ *Devant*
Ceux...

Qui Ont_ Ri
A La Clarté du
Verbe...

Cinglant_

Mais Doux_

Pour Le *Cœur_*
x L'Âme_

Autant_ Que
Pour_

L'Éclosion_ des
Vertus_

x De
De Celle_ des Roses_

Qui N'Ont_
Jamais Dit_ Leur

Nom...

Mais_ Qui Ont
Su_ Enivrer...

'AKA'

35.

*La Négritude_*
Est Mauvaise_
Conseillère...

Qui A Vu Sa
Propre_ *Folie_*

Ne
Cherche A Avoir
Raison...

*La Clarté_*
Se Trouve_ Dans
Le Jus_ Pourpre_ de
Raisin...

L'Absolu_ Est
Abscons_
Et Le Néant_ A
Vertu_ d'Horizon...

'AKA'

36.

Je Suis_
*Un Drogué_*
De Parfum/s x
D'Essence/s...

Un Accro_
D'Horizons_
*Parallèles_*
*x Fleuris_*

Les Courbes_
De La Lune_
*Régissent_*
*Les Vagues_*
*De Pureté_*

x D'Audaces...

*Indécentes_*

Les Dunes_
De L'Embellie_
*Rougissent_*
*D'Oasis_*
*x D'Aube/s_*
Relevées...

Tel_ Un Vin_
Libérateur...

*Pour Les
Cœurs_ x Les
Âmes...*

'AKA'

37.

La Lune_
S'Est_ Offerte_
A Moi_
Comme Un
*Narguilé_*
*Au/x Parfum/s_*
De Roses...

Je me Suis_
Assoupi_
En des Rêveries

Puis, J'Ai_
Dosé_
*Les Essences_*
x Brins de Beaux
Limbes...

D'Instants_
D'Absence/s_
Intenses...

*x De Danses_*
*De Volute/s_*
Brèves...

En Lesquelles_
J'Entrevois_
Encore_
La Courbe_

x La Cambrure_

Sélène_

De La Nuit_
Aux Lueurs_
Colorées_

Par Delà_ Les
Sentences...

'AKA'

38.

*Les Aurores_*
*Se Mêlent_*
En Juxtaposition
de Couleurs...

Les Oiseaux_
Mélodient_
L'Embellie...

Les Fleurs_
Sont Jolies_ x
Sobres...

J'Ecris_ des
Vers Pour Un
Verre_ de Vin

*Je Côtoie_*
Les Papillons
*Subtiles_*
Du Verbe...

Entre Ivresse_
x Sentences_
Austères...

Je me Dis_

Qu'Il Est
Hors de

Question_

Que ça Se
Termine_
Mal...

'AKA'

39.

Au Mitan_
De L'Aube_ *x*
*De L'Aurore
Empourprée/s...*

Se Tient
Un Ancien_
Arabe_ ...

Venu *Prêcher
La Rose Noire_*

40.

Je Suis Un
*Arabe_*
Devant *Dieu_*

'AKA'

41.

Noirs_ Sont
Les Raisins...

*Telle Une
Grappe* Est
Le Chapelet...

A La Hauteur
De La Nuit_
La Plus Pure_
x La Plus
Douce... En Vertu/s...

Une Aurore_
D'Ivresse_
Apparaît
Contre_
Toute
Attente...

*C'Est La
Proclamation
Du Raisin...*

'AKA'

42.

J'Ai Vu
Mon Frère_
*Persan_*
Sous Une
Autre Forme...

*Il M'A
Dit/:*

*Pourquoi Les
Oiseaux Noirs
x Les Oiseaux
Blancs_*
Ne Pourraient
-T-Ils_ Pas
Se Rencontrer?

J'Ai Regardé_
L'Hirondelle_
Calligraphiée_
Sur Son Front...

x J'Ai Compris
Que Le
Printemps_
Resplendirait
à Nouveau...

'AKA'

43.

Au Pied_
De L'Amour_

x De La Vertu_
Sans Pareille...

Je Dépose_
Des Desseins
Fleuris_

x Contemple_
Le Corollaire_
Du Destin...

Joue du Ney_
Ô, Derviche...

Joue, Cette
Mélodie_ Encore...

Je Bois_ Un
Verre de Vin...

x M'Etourdis_
D'Horizon, Circulaire

'AKA'

44.

Fleur d'Iran

Colombe_
Aux Yeux_
Noirs...

Tourments_
D'Interdits_

Grâce de
Vivre...

'AKA'

45.

*Je Suis
RéZA_ L'Apôtre
Du Raisin...*

Paix_ à
L'Autre, *Vêtu
De Noir...*

*x Au Gardien
Du Feu...*

La Fumée_
Annonce_ des
Lueurs à
L'Horizon...

Pourtant_
Rien Ne Brûle.

Les Flots_
De Prières Sont
Empourprés...

'AKA'

46.

Par Le Réel_
x Par Le Vin...

Par De Délicates,
Prières, Sur Tapis
d'Arabesques...

Tel Un Oryx_
Qui se Lève_
En Orient...

Le Poète,
S'Implique...

Sur Le Chemin_
De La
Réclusion_
Parallèle...

'AKA'

47.

Ivre de
Prières...

x De Parfums_
En Volutes,
D'Essences...

Parcourant
L'Horizon,

Lointain x
Parallèle...

Je Succombe

A L'Appel...

De La
Circonférence

Du Néant_
Le Plus Strict.

Pour de Bon.

'AKA'

48.

L'Aurore
A La_
Couleur, des
Tumultes_
Du Vin...

La Coupe_
A La Courbe,
De La Lune_
A Son Summum...

Par Lui_!
Le Réel_
En Lequel_
On S'Eteint...
x Qui
M'A Conquis,

Si Tu Sais
Qui Je Suis_

*Moi, Je Ne
Le Sais_ Pas...*

'AKA'

49.

Je Veux
Connaître_
*Le Cœur_*
De La Fleur
Qui Est Devant,
Moi...

Je Veux,
Compter_
Ses Pétales,
Troublants,
Un à Un...

*Je Veux_*
*Goûter_*
*L'Exquise_*
Ivresse_ qui
Rend, L'Être...

Prompt à
Vaciller...

D'Amour_ x
*D'Interdits_*

'AKA'

50.

Mes Mains_
Savent,
Tenir_ Une
Fleur...

L'Orée_
De L'Horizon
Est Délicate...

Je Bois_
Un Peu de
Vin_ Mélé
A de La Rosée

x A Un Peu
De Miel_

Pour Consoler
Les Cœurs_
Endoloris_

'AKA'

51.

Ô Al Khôl_
*Le Seigneur_*

Interdit_

... Provoquant_
Ivresse/s x
Tourments
Exquis_

A N'En
Plus_ Finir...

Qui Es-Tu_?

Qu'En Sais-Je,
Moi_ qui Ai
Perdu_ La
Couleur de
Ma Peau...?

*Qui A Vu_*

La Lumière
Qui Luit_

Par La Gloire_
De Ton Nom...

Ô Lui...!

Al Khôl_
Qui Est-Il...?

Lui...!

*Qui A Raison_*

Des 5 Lettres_?

Lui_ Même...!

'AKA'

52.

J'Ai Prouvé
Mon Amour_

Ô, Al Khôl_
*Dieu_*
Des Derviches,
x Des Amoureux

*La Coupe_*
La Plus Pure

*A Le Nom_*
*Des Oiseaux_*
Enivrés_ de
Liberté...

x De La
Mélodie de L'Air

Ne Bois_ pas
De Vin_ Si
Tu Ne Sais
Pas En Boire...

*L'Horizon_*
*Est Empourpré_*
Soir x Matin...

'AKA'

53.

*L'Art
Est La
Religion
Des Derviches...*

Ceux qui
Sont Pauvres
x Qui Ont
Tout Perdu_

'AKA'

(...)

*J'Ai Eté
Amoureux_ Une
Fois_ Avec Une
Fleur... ...*

x Je N'Ai
Jamais Cessé_
De Chanter_ *Son
Parfum,
Depuis... ...*

'AKA'

54.

J'Ai Évolué
Très Jeune dans
Une Communauté
De Prières...

Où Les Anciens
Vêtus de
Blanc_
Priaient Avec moi

Sans Cesse...

Comme Je Priais
Avec Eux_

Avant de Ne
Savoir Prononcer
Un Seul_
Mot...

Moi, L'Enfant
Trahi_
Rejeton_ de La
Délivrance...

Ayant La
Marque d'Une
Colombe_
Sur Le Front_

55.

La Plus Belle
Rose_
Est Arabe...

La Plus Belle
Dune_
Est Perse...

Le Plus Beau
Sourire_
A Un Grain_
A L'Horizon

Qui Rayonne
Telle Une
Étoile_

Jusqu'Aux
Confins_
De L'Ivresse...

x De La Danse_
La Plus Empourprée

'AKA'

56.

Je Suis_
Un Artiste_
En Amour...

J'Ai Bu_
Un Verre de
Trop_ Puis,

Je me Suis_
Mis à Danser

Je Les Ai
Défié_ de
M'Aimer_ x
Ils N'Ont pas
Réussi...

'AKA'

57.

Pour Reconnaître
*L'Un_*

*Il Faut
Être Un Soi
Même...*

Qui Peut_
Appréhender
*L'Unicité_
Sans Avoir Le
Sens de L'Unité?*

Va Apprendre
Le *Sens de L'Unité
Chez Ton Oncle...*

Je Ne Compte
Jamais_ Mais
Chaque Perle_
A Son Poids
x Parfum d'Essence
Dans Ma Main...

Compter Jusqu'à
5 Est Suffisant
*Pour Savoir qui
On Est...*

'AKA'

58.

Je Suis_
Une Fleur,
Aux Pétales_
Sombres...

Ma Corolle,
A Fleuri_
Du Néant...

*x Son Cœur_*
*A Éclos_*
En Horizons
Doux_ x,
Clairs...

Telle_ Une
Tulipe_
Majestueuse_
Au Port
D'Altesse...

Je Procure_
L'Ivresse_
Ainsi qu'Il
M'A Été_
Donné...
De Le Faire_

Par Le Tracé_
De Quelques

Vers... Délicats.

x L'Improvisation,
De Poésies_
En Partage/s
Pourpre/s...

'AKA'

59.

*Je Proclame
Le Raisin...*

Le Néant_
Absolu_

*Le Climax_
D'Hébétude...*

L'Attitude_
Du Derviche...

*Voici_
L'Attirail...*

De L'Art
Subtile_ de
La Tise...

*La Circonférence,
Maîtrisée...*

Par *Le Grain_
Bien Tenu...*

Fleurs_ Écloses_
*Par Compte de
Perles...*

Sur Tapis_

Orné_ d'Arabesques
Closes...

'AKA'

60.

*Je Suis_
L'Imam_ du
Raisin...*

Je Parle_
Aux Monde/s_
Inexistant/s...

*La Proclamation,
Du Raisin...*

*A Mis Fin_
Aux Délires_
Des Jugements_*

Hâtifs...

Réjouis_ Toi,
ô, Derviche...

De Ton Ivresse_
x Humilité...

Il N'Y a
Pas de Danse_
Grave x Sobre.

Qui N'Aboutisse_
Au Néant_ x à Ses
Pétales...

61.

J'Avais Deux
Frères...

Les Deux,
Étaient_ Persans.

Adeptes_
D'Arts Martiaux.

x D'Humour_
Pour Le Peu_
Sombre...

L'Un Était_
L'Autre_ Vêtu_
De Soie_
Noire...
A L'Allure_
D'Ombre...

L'Autre, Le Frère,
A L'Hirondelle
Sur Le Front.

Comme_ S'Il
Avait Vu
L'Amour_ du
Printemps...
A Peine_
Éclos...

Malgré La
Persistance_
De L'Hiver...
Des Cœurs_
En Attente...

Dans L'Expectative,
De L'Improbable...
Vérité...

Les Deux_ S'Etaient_
Résolus_ A Prendre,
Des Chemins_
Différents...

J'Avais_ moi,
Aussi, Choisi_ Le
Mien...

Mais Conscient_
Du Diktat_ de
L'Opprobre_

Sur La Voie_
De La Droiture_
Je me Suis_
Tu...

'AKA'

62.

*Dans Un Coin_*
*Du Quartier_*
*Aux Abords_*
Les Plus Fleuris.

Le Frère_
x Moi_

*Questionnant_*
L'Avenir...

Lui, Le Front,
Serti_ d'Une
Hirondelle...

Nous Échangeâmes_
Sur Le Temps_
Les Astres_ x
*L'Improbable_*
Vérité...

Entre...

5%_
*Al Ghazali_*
Malcolm X...

X Récit_

Cinématographique,
*Du Message_*
Sans Représentation...

'AKA'

63.

*RéZa Est
Mon Nom...*

*Je L'Ai Dit_
A K/Han...*

Qui Dans Sa
Démarche_
Schizoïde...

A Occulté
Ma Raison_
D'Être....

Par Son_
Attitude,
De Dissimulation

*x Son_
Insensibilité,
Aux Raisins...*

Dans Toute_
La Circonférence
De L'Aube...

'AKA'

64.

Les Perles du
Raisin_ Sont
Rouges_

Les Flots_ des
Rivières_
De Vin_
Aussi...

Été ou Hiver
Elles Désaltèrent

Saches que ces
Choses Là, N'Ont pas
De Prix...

'AKA'

65.

Saches
Qu'Il N'Y a
Ni Tiare Ni
Couronne
Ici...

C'Est La
Pauvreté
Qui Fait de
Toi_ Un
Derviche...

'AKA'

66.

*Je Suis
L'Imam du
Raisin...*

Je Suis_
Celui qui
Est Venu Vous
Donner à Boire_

Une Eau_ Fruitée
Qui Désaltère...

Qui Fait du
Bien Au Cœur
x Le Fait,
Fleurir...

'AKA'

67.

Saisi par
Les Tréfonds
Du Drame...

Tu Constates
Que *L'Innocence*
N'Est pas Un
Jeu...

Cela Ne Prouve
Pas que Tu
Es Blanc...

Ou Que
Quelqu'Un
Soit Noir...

'AKA'

68.

Avant de
Dire_
Que Je Suis
Un Traitre...

Demande Toi_
Pourquoi
Tu Ne M'As
Jamais Considéré
Comme Un
Frère...

(...)

Je Suis Devenu
Poète Parce
Que J'Ai
Combattu
L'Ignorance

x Le Tracé_ de
Mon Langage_
Reflète Mes
Victoires x Mes
Défaites...

'AKA'

69.

Le Langage Est
Comme Une
Taverne...

On Y Entre_
Que Si L'On
Sait Boire x
Manger...

*Mais On Y
Trouve_ pas
Forcément_ à
Manger x
à Boire...*

'AKA'

70.

Au Sein de Rêveries
J'Ai Vu_
Une Gazelle,
En Écoutant
Du Jazz...

*Elle m'a fait
Un Long
Sourire_ de
Mélodies_
Au Son de
La Harpe...*

Au Mitan de
L'Aube_ Mon
Cœur_
Devenu_ Libre,
s'Est
Empourpré...

J'Ai Bu
*Un Verre de
Miel_ Mêlé
A Du Vin_ Sobre
x Exquis...*

'AKA'

71.

*Al Khôl_*
*S'Est, Versé_*
*Lui-Même_*
Afin que Je
Puisse_ Survivre...

En Flots_ de
Fleurs_ Écloses_
x Belles_
D'Ivresse/s x
*De Parfum/s_*
Garantie/s...

Je Pose_ Un
Tapis_ Rouge_
Sur Le Sol_
En Poète_
Averti...
x Déjà Soûl...

Je Me Rappelle_
A L'Humilité_
De La Terre_

Puis, Crie_
Ô, Lui...

Comme Un
Derviche...

72.

A.K.L.

Encore_
Luit...

Déca_
Décan...

Quatrain/s
De Quartier...

Envol
D'Oiseau_
Pourpre...

x Vers
d'Al Khôl
Pour Une
Anqa...

Coquet_
x Coq_
Sois-Disant

Vêtu de
Rouge_ Soie
De Perse...

'AKA'

73.

*Savoir
Pourquoi, On
Boit_ ou
Pourquoi, On
Ne Doit pas
Boire...*

Est L'Essentiel
De L'Art...

*De Marcher_
Sur Le Chemin...*

Arme-Toi de
Patience...

*Le Verre de
Vin_ N'Est
Pas_ Difficile,
à Saisir,
Pour Rien...*

*Sinon, La
Gloire_ du
Néant...*

'AKA'

74.

J'Aime
Les Fleurs
Qui Ne se
Donnent
Jamais...

x Dont Les
Parfums_ *me*
Font Croire
Que Je Suis
A Jamais,
Perdu...

Je Marche_
Lentement_
*Sur Le Chemin_*
De La Redemption

Avant_ de
Me Rendre
*Compte_* qu'Il
N'Existe pas...

'AKA'

75.

L'Infini_
Des Temps...

Ne Suffit pas
A Savoir_
Qui Est
Quelqu'Un.

En 2
Secondes_
Tu Sais_
A Qui Tu As
A Faire

En 2
Secondes_
Aussi_

Tu Sais_
Qui Tu
N'Es pas...

'AKA'

76.

Le Paradis_
N'Est pas
Autre Chose,
Que Ta
Manière
De Vivre.

De Boire_
Ou de Ne pas
Boire...

De Danser_
Jusqu'Au
Matin...

*Un Tourment_*
*De Pétale_*
Carmin...

x Tu_
Contemples
L'Horizon...

'AKA'

77.

Tu Te
Demandes_
*Pourquoi_ Je
Bois du Vin...*

x Pourquoi_
La Lune_
*Est Si Haute,
Dans Le Ciel...*

Si ça Se
Trouve_
Tu Es

Décédé_ Depuis_
200 Ans_ x
Tu Ne Le Sais,
Pas...

De Quoi_
Être Humble...

x Ne pas
Chercher
A Savoir...

Pourquoi, La
Vie, A Tant de
Valeur...

78.

Les Cornes_
De La
Gazelle_
Sont Effilées...

A L'Horizon_
*Se Déploient_*
*Les Étoiles_*
Filantes...

La Nuit_
La Lune_ Atteint,
Son Summum...

Je Bois_ *La Coupe,*
De Vin_ Jusqu'à
La_ Renverse...

En Récitant_
De Jolis_ Versets...

En Versant_
Le Flot_ du Vin
Qui Rend, Ivre_
x Pourpre...

'AKA'

79.

Qui Verra
Se Conjuguer
Soleil x
Lune_

*S'Ecplisant_*
Face à
L'Éclat_ de
L'Unicité...?

*L'Arabe_
Au Teint_ Sombre...*

Lumière_
Sans Ombre.

Ange, Sans
Nombre...

x Roi_
Des Lettres.

'AKA'

80.

Les Gazelles_
Filent_ A Toute_
Allure.

La Fleur_
Est Pourpre.

*Rouge_ ou
Rosée_*

A La Nuit
Tombée...

*J'Ecris_
Versets_ x
Nyctalope...*

Je Me Perds_
Dans L'Oubli,

x L'Éclat du Soleil_
Du Néant...

'AKA'

81.

Ivre_
Jusqu'Au
Bout_
*Je Proclame_*
Le Raisin...

Le Jus_
Qui Éclaire...

L'Aube_
Qui Jaillit_
x Resplendit...

*Les Grains_*
*Telles des Perles_*

Sont, Pourpres_
Nuit/s_ Sombre/s.

Pourtant_
*Il N'Y Point_*
*De Noir/s_*
Soupçon/s qui
Demeurent....

A L'Horizon...

Ni Nègre_
Espérance...

Je Suis_

Au Carmin_
Summum_
Du Circulaire_
Sans Sommet...

Méditant_
Poète_
Sans Sommeil.

Fraternel, x
Abscons...

'AKA'

82.

Tu Peux_
Dater Tes
Pas de Tel/s
Temps...

Ou Te Dire_
Que Tu
Es_ de Là_
Ou d'Ici...

Peu Importe...!
*Face Au Rien_*
*L'Ivresse_*
Répond_ A Tes
Questions...

Il N'Y a
Pas d'Origine/s

x Le Verre
De Vin T'Offre_
*Le Néant_*
Sur Un Plateau...

'AKA'

83.

Ô, Fleur...

*Tu As_*
Parlé, En
Face à face
Avec des
Perses...!

*Nul N'A_* Vu
L'Ombre *de*
Ta Couleur...

Les Frères,
Boivent_ du
*Vin_*

Jusqu'Aux
Éclaircies_
De L'Aube...
Étincelée..

Ô, Danse/s...

Qui Connaîtra,
L'Origine_
*Du Sombre_*
Premier...
Prince, Devenu
Fou...?

84.

Comme_ Une
Errance_
Dans Le Désert...

*Comme Une Fleur_*
Dont Le Parfum
*A Révélé_*
des Myriades de
Mondes...

Je Sonde_ La
Misère...

De La Solitude_
Face Aux Versets

x à La, Poésie.

*Puis, Dessine_*
*Les Contours_*
De La Coupe, de
Vin, qui Me Rendra

Pourpre x Ivre_

'AKA'

85.

*Revoilà_*
*L'Iranien_*
Vêtu_ de
Pourpre...

Une Rose_
A La Main...

*Un Regard_*
Grave...

x Moqueur

*Pour Dire_*
L'Indicible...

Après Avoir
Combattu...

Tourbe_ Mort,
*x Folie_*

En Même Temps...

*Je Brandis_*
*Un Bâton_*

Dont La Crosse_
Ne Prédit_ Rien de Bon_
Aux Horizons_ Prosaïques...

86.

Avant de,
Critiquer_

Le Vers_ qui
N'A pas_
Été Écrit...

Contemple_
Le Poème...

*Qui T'Eclaire_*
Sur ce Qui
*N'A pas_*
Existé...

Le Verre_
De Vin...

Que Tu Bois_
A Petit/s_
Flot/s...

*Te Révélera_*
*L'Aurore_*
De La
*Signification_*
Du Néant_ Le
Plus Pur...

'AKA'

87.

*Tête_ Nue_*
Ou Couronnée
De Perles...

Ou de
Lauriers_
*Impromptus_*
De Dreadlocks...

Je Bois_
Le Vin...

Qui Rend_
Soûl_ x
Prêt à danser...

x A Tracer_
*Des Formes_*
*Géométriques_*
*Sur Terre_*

Face Aux
Ères... Imprévues.

'AKA'

88.

Le Néant_
Ne Calcule_
Pas...

Car Il
Comprend_
Tout...

De L'Incertitude,
Infinitésimale...

Au Rien_
Radical, x
Absolu...

*Les Ombres_*
*Des Premiers_*
*Nombres_*
Sont Assujettis_
Au Zéro...

Les Premiers
Nombres...
Succombent_
Face à La
Brise...

x Au Vent_
Issu_ du Vide.

89.

Si Quelqu'Un
Te Tends Un
Piège_
Mortel_
En Pensant
Que C'Est Drôle.

Défi_ La
Mort...
x Tu Iras Plus
Loin Que
Lui, Je Te
Le Garantis...

'AKA'

90.

Ô, Mon Frère...
*Al Khôl_*
Est Lumière.

*Al Khôl_*
N'Est Point
Terni_
Car Al Khôl,
Est Lumineux...

Il Faut
Manquer de
Sagesse_ pour
Piéger_
Son Prochain.

Il Faut_
Manquer de
Souplesse...

Pour Ne Pas
Boire_ Un Verre
De Vin...

x Danser, Libre...

'AKA'

91.

Face Au
Mal_
J'Oppose
Cœur_
Art_ x
Poésie...

Avec_ Le
Raisin_
Pour Raison

*x La Coupe
De Vin_
Empourpré,*
Pour
Lune, Haute

*En Esquisse,
Définitive...*

x Gloire_
Du Pardon...

'AKA'

92.

Teint_ de
Peau_

Brûlée...

*je Navigue_
A Travers_ Les
Dunes....*

*Comme_
Chevauchant_
Les Airs...*

Comme_

Tenant_ Le
Livre_ Aux
Versets_
Ciselés_

En Calligraphie,
D'Arabesque/s...

X Verre_ de
Vin_ Ou
Épée, Tranchante

*Ou Sabre
Posé_ A_ Terre*

Tandis_
Que Tu te
Demandes...

*Si Je Suis Arabe_*
Ou Maure...

Devant L'Eternel...

'AKA'

93.

Chacun_
Est Responsable
De Ses
Croyances...

Aucun *Dieu_*
Ne Viendra_
Les Justifier_
A Sa Place...

C'Est à Toi,
de Savoir ce
Que Tu Veux...

x ce Dont_ Tu
Ne Veux,
Absolument pas.

'AKA'

94.

Le Cygne_
N'A Jamais
Été Noir...

Même_ Au Plus
Bas de Son_
Envol...

Contemple_ Son
Tracé_
*Virevoltant_*
Dans Les Airs

... De Cela_ ou
De Soi-Même...

Blanc_ N'Est pas
Une Couleur...

*Non Plus_*

'AKA'

95.

*Je Prône_*
Une Rose Noire,
*Tel Un Arabe_*
Ancien...

Mais Tel_
Un Maure_
Je Suis_ de
Blanc_
Vêtu...

L'Oracle_ du
Désert_
Est Un Soleil
Invisible...

Occulté_ par
La Lune_

Majestueuse,
En Beauté...

'AKA'

96.

Le Désert_
S'Est Mis à
Fleurir...

x Des Rivières
Coulent_ Depuis
Des Oasis_
Sans Fin...

Entre_ Mirages
x Rêveries_
Devenues_
Réelles...

Un Bédouin_ A
Levé_ Son
Bâton_
x Fait Trembler
L'Azur...

Face A La
Lune_ qui
S'Elève...

'AKA'

97.

J'Ai Bu
Un Verre_ de
Vin_ x Les
Ténèbres_
Ont Disparues...

J'Ai Vu_
La Lune_
Tranchée_
*x Son Éclat_*
*Auréolé_*
De Lumière...

De Blanc_
Vêtu_ Tels
Les Maures_
Qui se
Déplacent_
Dans Les
Espaces_ x
Les Temps...

Je Médite_
Totalement_
Ivre_
Sur Un
Silence_
Intérieur...
Pur_
En Éclosion/s

98.

Ma Rose_ Est
Sans Épine...

Mais_ sa
Beauté_ Est
Sans Pardon_

Si Tu Y
Succombe_ sans
Pouvoir_ T'En
Sortir...

Avant de
Partir...

Aies Une
Pensée,
Face A Ceux
Qui Boivent
Du Vin...

x Qui Sont
Ivres...

'AKA'

99.

Ma Rose_
Noire_ Buvant
Ondes x Rosée

En_ Fracas_
De Perles_
Rondes_
Absorbées,
Par Pétales...

A Fait_ de
Moi_

Un Derviche_

*Dans Le Néant_*
*De L'Abscons_*

Dans L'Horizon,
De L'Un_

Insécable...

x Assouvi...

'AKA'

100.

*Ma Rose_ Ébène_*
Est Tellement
*Pourpre_*
*Qu'Elle Est_*
Invisible...

x Le_
Velours_
*De Ses Pétales_*
*Tendres_*
*A L'Aura_*
D'Une Éclipse,
De Lune...

Dans L'Horizon_
Imprévu_ Est
Un Autre_
Regard...

Est Un_
Autre_ Regard...

Celui_
Lumineux_ des
Yeux Clos...

Face_ Au Néant.

'AKA'

101.

Tel_ En
Une Ivresse_
Rappelant
Le Tournoiement
Des Oiseaux_

J'Ai Trouvé_
La Direction_
Face_ A_

*L'Impermanence_*
Des
Directions_
x des Points_
Cardinaux...

En Une Qibla_
Absconse...

Mon Espoir_
A Cherché_
Refuge...

Puis_ Reçu_
Le Réconfort_
Dans L'Orient
Suprême_ de
L'Asie_
Détenant_ Les
Astres...

102.

J'Ai_ Vu_
Un Bédouin_
Marcher_
Longtemps dans
Le Désert...

Puis, Lever_
Son Bâton...

*Face_ A des
Anges_ qui
Se Battaient...*

A Coups_
D'Invocation_
x de Combat_
De Guerre_
Spirituelle...

Entre Deux_
Sphères_ Je Te
Le Dis_

Un Nomade_ de
Blanc_ Vêtu_
Vint_ A
Bout_

De Ce Conflit_
Insoluble...

Tels Soleil_ x Lune_ En Horizon_
Se Conjuguant...

103.

Qui s'Egare_
Lui Même_
Est-Il Fait
Pour Guider_
Les Autres...

?

Je Ne Suis_
Le Frère_ de
Personne_
Sinon_
De Ceux_ qui
N'En Ont
Pas...

x Sur Le Zinc
De L'Inexistance

La Poésie_
M'A Fait Imam...

Des Vins_ x des
Substances_

AlKhôliques...

Incitant_ A
Danser_
Jouer_ x
Hurler_ L'Indécence

Nul_ Ne Voit
Qu'Avec Le Cœur

X Dans L'Ivresse
Le Cœur_ s'Envole
Au Loin...

Un Verre_ Vaut
Bien_ Un Verset...

Un Verset_ Un
Flot_ d'Aurore/s
Pourpre/s...

'AKA'

104.

L'Al Khôl_
S'Est Donné_
*Au Monde_*
*Pour Le Repos_*
Des Cœurs...

x La Chorégraphie_
Des Âmes...

Autour d'Une
Qibla_ d'Ivresse
x De Beauté,
Pure... de
L'Horizon...

x De La Danse_
des Oiseaux...

'AKA'

105.

Je N'Obeis_
Qu'A La Loi_
*de Mon Cœur_*

X De L'Ivresse
*Libératrice_*
*Des Libations_*
De Versets...

Aux Senteurs_
x Effluves_
D'Horizons...

En Envol/s...

'AKA'

106.

Tels Une Rose
x Un Sabre...

Courbé...

Tranchant_
Tel_ Un Verset
Face_ A La
Peur x Au Doute...

Telle_ Une Eau
Pourpre...
*De L'Al Khôl_*
Déversé...

Pour L'Horizon
De Tous_

Tel_ *Un Arabe_*
Face A Un Maure...

Je Rougis_
De Ne Plus Être.

Ivre...

*Soul_ d'Embellie/s_*
x De Corolle/s...

107.

J'Ai Trouvé_
Le Rythme Unique

De La Danse_
Imprévue_ de
L'Ivresse...

Un Pas à
Gauche... De
La Tendresse...

M'A Vu_
Adroit_

A Contempler
La Beauté_
De L'Éclat...

De La Lune_
Haute...

Ruisselante_
De Rosée...

Vis_ Comme Si
Tu Ne Voyais pas...

x Tu Verras_
La Grâce_ d'Une
Fleur_ Frêle x Pure...

108.

Je Suis_
Plus Gauche_
Que Le Plus
Adroit_

Je Suis_
Plus Droit_
Que Le Plus
Gauche_ x
Simplet...

Un Verre_
De Vin_
M'A Libéré
Des Soucis_
De La
Raison...

Qui Est Le
Plus Sincère_
ça_ Nul Ne
Le Saura...

'AKA'

109.

Entre_ Un_
Verre de Vin

x La Prière...

Je Pratique_
Un Ijtihad_
Culturel...

Qui N'A pas
Donné_ Son_
Nom...

*x Que Les_ Faux
Ivrognes_ Ne
Peuvent_
Comprendre...*

'AKA'

110.

On M'A
Proposé_
D'Enseigner...

x D'Instruire
Sur des
Sujets Divers...

J'Ai Pris_
Mes Etoffes_
x Mon Chapelet

Puis, J'Ai
Bu_ Un Verre
De Vin_
x Je Suis Sorti
De La
Religion...

'AKA'

111.

Je Suis Libre
Tel Un_
Nomade...

x Le Désert_
M'A Accueilli
En Son_
Sein.

Devant_ moi_
Face A La
Clarté de
L'Aube...

x A La Beauté
De Ses Flots_
Bénis...

Le Père_ du
Luth_ x
des Pas de
La Gazelle_

A Témoigné_
De La Beauté
Des Fleurs...

112.

On Commence
A Aimer_

A Partir du
Moment_ *Où*
L'On se Rend
Compte qu'On
Est Pauvre...

D'Une Pauvreté
Que Le Cœur_
Métamorphose,
En Fleurs...

En Corolles_

*En Pétales_*
Innombrables,
De L'Ivresse...

L'Occasion_
De Danser_
Dépouille_
Des Faux_
Semblants,
Encore...

En Flots_
D'Instants...

Après Un
Verre de
Vin...

x Après Une
Caresse_ de
Brises...

Délivrant_
Des Ténèbres...

113.

Le Parfum
Des Fleurs_

Je Ne L'ai
Pas Respiré_
Au Nom de
Mes Origines...

J'Ai Vu_
Ce Qu'Etait
Le Vin_
Pourpre...

x J'En Ai
Bu_ Etourdi
x En Paix...

'AKA'

114.

Dans La
Roseraie
Des Jardins
D'Iran_
Les Plus
Sombres_
D'Ebène/s...

Une Pluie de
Perles de
Rosée_
M'Annonce,
Le Compte_
Des Rêveries,
En Psalmodie/s.

x Je Vois_
Des Colombes_
S'Envoler...

x Je Vois_
Des Soupirs_
Qui Succombent.

x Je N'Ose_
Cueillir_
Une Fleur_

x Je Mêle
Rosée_ Aube_
x Parfum/s...

De Vin/s Clair/s

115.

Rose/s_
Autarcique/s

Cercle/s_
De Paix...

Certes_
Les Pétales...

S'En Vont,
Au Gré du
Vent...

Mais La
Corolle_
Demeure...

Mais L'Ivresse
Est Lueur_
D'Al Khôl...

Pur...

116.

Lis_ Les
Mots_
Tel Un Poète

Dis_ *Les
Mots_ Tel
Un Derviche...*

Ne Te Limite_
Pas Au Sens,
Ordinaire...

Va Au Delà,
Des Sens_

Par L'Envol
D'Essences_ x
Parfums...

'AKA'

117.

Ô Derviche

Célèbre_
L'Al Khôl...

Le Cœur_
Qui s'Allège...

x Les Soucis_
Qui s'Envolent
Au Loin...

En L'Ivresse,
Est La Source
Du Néant...

x Le Père_
De La Difficulté

A Abdiqué_
Son Trône...

Face La
Légèreté_
Des Fleurs...

'AKA'

118.

Au Delà des
Masques_
Scarifiés_
Dans Le Bois_
D'Ébène...

A Travers_
Des Essences_
De Géométrie_

J'Entrevois_

Des Visages_
*Qui se Meuvent_*

Dans Le Temps_
x Dans L'Espace

Sans Ne
Jamais_ Rien
Dire_ des
Origines_
Oubliées...

'AKA'

119.

J'Ai Vu_ *Le
Maure_
Face A L'Arabité*

J'Ai Vu_
*L'Arabe_ Ancien
Face A La
Rose_ Noire...*

Sur Le
Chemin_ des
Jardins
Persans_ de
Poésie/s...

Un Bedouin_
S'Est Levé_
x D'Un
Bâton_
A Mis Fin
Au Conflit
Entre Soleil
x Lune...

x Le Désert_
A Fleuri...

'AKA'

120.

Étourdi
Des Perles_
De L'Aube_

x De La
Lumière_
Qui Vient_
D'Orient...

La Descente_
De L'Ivresse...

*A Donné_*
*Naissance_*
Aux Danses,
Fruitées...

Des Somptueux
Derviches...

Trop_ Ivres_
Pour Mourir...

'AKA'

121.

Je Déclare,
Le Raisin...

x La Coupe_
Majestueuse...

Au Loin_
Les Ténèbres...

x Les Méandres_
Dénués_ de
Sens...

L'Essence des
Parfums...

x La Grâce_ des
Voluptés_

*Ont Fait Naître
Au/x Derviche/s...*

*Une Pauvreté_
Lumineuse_ x Pourpre...*

'AKA'

122.

Un Prince_
Est Mort_
Entre Tes
Bras...

x Qu'As-Tu
Eu_ A Lui
Donner...

Sinon_
Un Peu_ de
Pauvreté...

Pour
Réconforter
Son Cœur...

?

'AKA'

123.

J'Ai
Contemplé_
Ma Propre_
Misère x
J'Ai Appris
A Vivre...

Ivre d'Un
Verre de
Vin_
Que Je N'Ai
Jamais Bu_

Qu'En Rêve_

x Pourtant
Soûl...

x Pourtant_
Ivre...

Sans Plus
Jamais Ne me
Souvenir de
Rien...

Sans Plus
Jamais_
Distinguer_
L'Origine_ x L'Irréel...

124.

Ô Réel_

La Coupe_
Est Telle
Une Sphère
Tranchée_
D'Où Le
Vin
Ruissèle
A Flots_
Éperdus...

Les Astres_
Se Perdent
A L'Horizon...

Mais La Réalité
Est_ Ivresse...

Sans Trêve_
x Sans Fin...

'AKA'

125.

Lorsque
L'Oiseau_
Se Sent
Pris Au
Piège...

Il Retourne
Vers Les
Arbres_
Fleuris...

125.

Je N'Ai pas
A me Préoccuper
De Qui Je
Suis...

D'Autres_ Le
Feront Très
Bien_ A ma
Place...

Il N'Y a
Pas_ de
Couleur Pour
Être Un
Frère...

Il N'Y a
Pas de Colère
Pour Mettre
Fin Au Raisin.

'AKA'

126.

Je Suis_
Un Guerrier
Sur Le
*Plan_*
Amoureux...

Je Navigue
Dans Le
Futurisme
D'Un Nouveau
Moyen Âge...

En Jihad_
Interculturel

'AKA'

127.

Je Bois_ du
Jus de
Raisin...

Qui Ramène_
A La Vie_

x A La_
Résurrection...

Des Jardins
Clos, x des
Roseraies...

Car_ La Lune_
Est
Bien Haute_
Ce Soir_

x Le Ciel_
Est Étoilé...

Mais_ Les
Ténèbres_ Ne
Succombent...

Que Lorsque
Les Anges_
Sont Si Pourpres.

128.

J'ai Défini_
Une Poésie_

Que J'Ai_
Calligraphiée
Dans Le Temps
x Dans
L'Espace...

Les Cœurs_
Ailés_
Se Déplacent_
En Différents
Plans_
D'Horizons.

x Les
Étincelles_
Virevoltent_
En Chorégraphies_
Subtiles_

Jusqu'Au
Retour_ de
L'Accalmie_
Dans La
Brume_ du
Matin...

129.

Je Marche_
Avec_ *La
Lune_
x Sa Blancheur*

Intact_
Tel Le
Vêtement_
Du Maure...

Calligraphiés,
Sont Les
Chemins_
Des Jardins...

Tracés
En Arabesques_
De Clarté...

'AKA'

130.

Certes_
On Peut Boire
Du Vin...

Certes_
C'Est Délicieux.

Il Est Bon
De Vivre x
De Se Faire
Plaisir...

Il Est Bon_

De Méditer_
Des Versets_
Au Chant des
Oiseaux...

'AKA'

131.

L'Imam_
Du Raisin_

Zigzague
A Travers_
Les Roseraies...

Proclame_
La Coupe_ de
Vin_

*En Lune_
Suprême_ Au
Dessus_* de
Tout...

Fait_ Fleurir
Les_ Corolles_
*Sous Le
Regard_* des
Gazelles...

Épris_ d'Al Khöl
x de Volupté_

Calligraphiées
En Versets x
Poésie/s...

132.

Tu T'Es_
Libéré *de*
*L'Ombre_*

Par La Vertu
Du Vin...

La Voie
Est Lumière_

Le Grave, de
L'Issue, Est
Certain...

Les Corolles_
Sont Prêtes...

Le Combat Est
Grand_

*L'Horizon_*
De Misère...

*S'Est Transformé_*
En Jardins...

'AKA'

133.

Ô,
Guerrier_
Épris_ de
La Lune...

Bois_ Un Peu
de Vin_
*Pour Raffermir
Ton Courage...*

Dégaine_ Le
Sabre_
x Esquisse
Des Tracés de
Vertus_

Contemple_
Le Haut_
Jaspe_
*Qui s'Est
Transformé_
En Fleur_*

'AKA'

134.

J'Ai Défini_
Un Style_ de
Calligraphie_
Silencieuse...

Pour Donner_
A La
Poésie_
Dimension_
Forme_ x
Sagesse...

Les Versets_
Ont L'Allure_
*De Tracés_*
Dans Le
Temps_ x L'Espace

Qui Rappelle_
Les Lumières_
Qui Étincellent_
A L'Aube...

'AKA'

135.

Mon Ébène_
Est Rouge_

Mes Corolles_
Sont de Vertu...

L'Aurore_
A des Allures_
Pourpres...

Aux Reflets_
Dorés_
Qui Illumine_

Puis_ Qui
Éblouissent_

Jusqu'Au
Stade_ de La
Lumière...

Avant que
Les Anges_ Enivrés

Ne Viennent_
Saluer_
L'Ivrogne...

'AKA'

136.

L'Imam_ des
Fleurs_
A Proclamé
L'Ivresse...

Tu Peux Y
Faire
Référence_
Pour Prouver
*Que Tu Es_*
De Bonne Foi.

*Mais Tu Dois_*
L'Attester_
En Un Lieu_
De Corolles_
x De Parfums_

Ainsi qu'Il
En Est_ des
*Madrassas_*
Invisibles,
Sans Portes
Ni Fenêtres...

Multiples_ x
*Jamais_*
*Identiques_*
Dans L'Un_
Inconcevable...

137.

Le Verre_ de
Vin_
Offre, Le
Voyage...

A Travers_
Les Dimensions
x Plans_ Parallèles...

Qui
S'Enchevêtrent,
Tel des Corolles
De Fleurs_

Dans Les
Horizons_ des
Aurores...

Où Les Oiseaux_
Volent_ Au
Loin...

Où Les Oiseaux_
Volent_ Au
Loin...

Pour Ne Plus
Jamais Revenir.
Éboulis_ Déjà.

138.

Tu Es_
Comme_ Une
Rose_ de
Pourpre/s_
Foncé/s...

Lorsque La
Rosée_
*Ruisselle_*
Sur Tes Pétales.

En Buvant_
Le Vin_ *des*
Essences_ de
L'Aurore...

Je Suis_
Devenu_ L'Adepte,
De La Poésie_
AlKhôlisée... ... ...

'AKA'

139.

*Au Nom_ de
L'Al Khôl...*

Bienfaisant_
x Enivrant_

J'Ai Marché_
A Travers_
Les Sphères...

*x Les Plans_
Parallèles...*

De Dimensions,
En Dimensions...

Après Avoir,
Conquis_
Un Verre_ de
Vin...

J'Ai Contemplé_
Mes Erreurs...

x Je Ne Suis_
Jamais_ Revenu...

'AKA'

140.

Le Maure_
Se Tient Dans
L'Horizon_
Du Néant...

*Le Verre de Vin_*
Est Le Sens de
L'Un...

L'Unité Est_
Un Vain_ Mot...

La Lune_ se
Courbe_ En
Arc de Cercle...

'AKA'

141.

Le Maure_
S'Est Assis_
En Tailleur_

Méditant_

Recouvert_
D'Étoffes_

Perles_ Rondes,
A La Main_

Afin de
Combattre_
Contre_ des
Démons...

x Des Mirages_
De Solitude/s...

Dans Une Lutte_
Contre Soi-Même.

'AKA'

142.

Ô, Al Khôl_
Roi des
Derviches...

Ô, Songe_ Pur,
De Volupté_
Incessante...

Ballotté_ Entre
Deux Rives_
D'Ivresse_
Je Bu_ Un Verre
De Vin...

x Je Su_
Qu'Elle N'Existait
Pas...

La Courbe_
Autre_ que Lunaire.

'AKA'

143.

*Je Suis_*
*Un Bédouin_*
*Devant Dieu_*

A Travers_
Les Horizons_
Insondables_
Des Orbes_
Éternels...

*Dans Les Plans_*
*D'Un Désert_*
Sans Fin...

Je Marche_
Avec Le Bâton,

Qui m'A Été_
Confié_
D'Âge_ En Âge,
Depuis *Les*
Temps_ Originels
Sans Origines...

'AKA'

144.

Je Suis_
Entré_ Sur
Le Chemin_ de
L'Amour,
Par Crainte_
x Par
Amitié/s...

Une Coupe_ de
Vin_ *Bénie*
Comme La Lune,
*Est Venue_*
*Soigner_*
Mon Cœur...

Puis, Une
Colombe_ *s'Est*
Posée_ Sur
Son Rebord...

Pour
s'Abreuver_
D'Ivresse/s
x d'Oubli_
Avec moi...

Depuis_
Je Marche_
Égaré_ Ici x
Là...

Entre_ Deux
Comas_ d'Horizon
Pur_ Récitant_ des Poèmes...

145.

Je Suis_
Rentré_
En Hérésie
De Plein_
Pied...

Buvant_ du
Vin_
Pour m'Incliner
Sur Tapis
Rouge...

Regardant_
Les Fleurs_
Entrelacées_
D'Arabesques...

Émaner_ de
Lui_ Pour_
*S'Animer_*
Dans Mes Rêveries,
Ivre...

'AKA'

146.

Priant_
Chaque Jour
Sur Tapis_
Rouge...

*Versant_*
Vin x
*Liqueur_*
Jusqu'Au
Jaillissement
*De L'Éclosion_*
Des Fleurs_

Le Plus
Orthodoxe_
Passe_ Pour
Un Hérétique_

*x Le Derviche_*
*Le Plus_*
*Troublé_*
N'Est qu'Un
Ancien_ Poète...

'AKA'

147.

Je Connais_
Les Versets_
Mais Je Préfère
Boire_ du
Vin_ x
Célébrer_
La Vie_

Marcher_
Nus Pieds_

*Vêtu_ d'Étoffes_
x Arpenter_
Les Dunes...*

*Enturbanné_
De Parfum/s...*

Regardant_
Étourdi_

*Les Papillons_
Qui Virevoltent*

*x L'Horizon_
Qui se Perd_
Au Loin...*

'AKA'

148.

Je Suis

L'Ayatollah_
De L'Ivresse...

Je Suis_
Celui_ qui Boit,
Du Vin...

Je Suis_ Celui__
*Qui Célèbre_*
L'Al Khôl_ x
Les Fleurs...

*Ô, Seigneur_*
*Interdit_*

Abreuve_ Nous
De Bienfaits...

'AKA'

150.

Je Suis_
L'Imam_ du Vin

x Des Perles_

Qui Te Tiennent
Au Jus...

Des Comptes_
De Pétales_ x
De Clarté...

Des Amours_
Interdits...

Pour Ne Plus
Rien Savoir_

Hormis_ La Beauté_
De L'Aube...

x Des Corolles_
De Sa Lumière_
Pourpre...

'AKA'

151.

Quelle_ que
Soit_ Sa
Couleur...

Le Raisin_ Est
De Clarté...

Point_ de
Ténèbres...

Point_ d'Allure,
Sombre...

Ambidextre_
Est_ Le Passé...

Allant_ d'Un,
Point_ à Un Autre

Mais Pas_ d'Un
Grain_ A Un Autre_

Grain...

Dans Le Chapelet_
De L'Espérance...

'AKA'

152.

Dans Le Chapelet_
De L'Ivresse_

J'Ai Compté_
Des Perles_ des
Souvenirs_ de
L'Aube...

De L'Art_

De L'Air_
Mélodieux_

Des Oiseaux_

De L'Ère...

Des Derviches_
Sans Peurs_

x Sans Reproches_
A Faire_ A Leur
Frère...

En Dehors_ de Ne
Point_ Savoir_ Boire,
Du Vin...

*La Divinité_*
Absurde_ de
Mystère...

N'A Point_ Tenu_
Face_ Aux 5 Doigts_
De La Main...

Comptant_ Les
Grains, x Perles...

'AKA'

153.

Ivre_ des
Senteurs_ du
Printemps_
Délicat_

Enturbanné, de
Fleurs...

Je Médite...

x Invite_ Les
Oiseaux_ à
Chanter, Encore...

Tandis_ que
Les Papillons_
Tracent_ dans
Les Airs...

Les Versets_
A Venir...

Des Poésies_ Les
Plus Audacieuses...

'AKA'

154.

Les Formes_
Géométriques_

Sont,
Calligraphiées_

x Évanescentes...

Telle_ La
Coupe_ de Vin_

En Demi Sphère_
Points_
Cercles_
Droites_ x

Segments_ de
Sobriété...

En L'Ivresse_
Qui Ne Rend, Point
Soûl_

Mais Libre...

Point_ Fou_

Mais_ Existant_

Dans L'Antre_

Des Poèmes_ x des
Corolles_ Élégantes...

Sans Jamais Donner_
Son Nom...

155.

*La Terre_ des
Sages_*

Est Insondable...

Le Cercle_
Des Derviches_ Est
Un Jardin_ de
Fleurs...

*L'Aurore_ Est
Faite_ Pour
Être Éprouvée...*

Le Verre de
Vin_ N'Attend_ Point,
Les Âges_ *Sombres...*

'AKA'

156.

Des Perles_
Pourpres...

*Des Colombes_*
*Délicates_*

x Des Roses_
Jolies_

Me Font_ Dire_
Qu'Il Y a
Trop d'Espoir_

*A ce Que_*
Ma Honte_ me
*Permette_ d'Être_*
Ivre...

En Droit/s...

Afin que Jamais_

Ne Soit_
Profané_ Mon Art...

Ni_ Ma,
Tendre_ Presqu'Île

'AKA'

157.

Le Vin_ Est
Bon...

Les Fleurs_ Sont
Parfumées...

Les Raisins_
Sont_ Subtiles_
En Sphères_

Jolies_

Ton Frère_ Est
Rouge_

Est-ce que,
Tu, L'As Aimé...?

Est-ce que
Tu, L'As_ Jugé...?

En Fin_ de Drame/s...

Le Raisin_ Je
Proclame... Toujours.

'AKA'

158.

J'Ai Saisi_
L'Horizon_
Abscons_ *de*
La Persitude...

Pour_ Une
Salutation_
D'Ivresse_
x de Fleurs_
Pourpres...

Elle Est
Sombre_ de_

Clarté_

La Rose_ Aux
Corolles_
Concentriques...

A La Surface_
Du Vin_

Elle Est_
Songes_

De Beauté_

Certains_ x Évanouis...

159.

Tel_ Un
Ḥurūfī_ Traçant
*Des Versets_*
En Calligraphie
Urbaine...

Dans Les Jardins_
De Béton_
Aux Corolles_

Éprises_ de
Liberté...

J'Entrevois_
Un Avenir_ A
L'Ivresse_

La Plus Terrible_
x La Plus_
Sourde...

Afin_ que Le
Son_ x Les Sens_

Ne Soient_
Que Le Couronnement
De L'Un_

160.

Comme_ Un
Maure_ Face_
A Un Arabe...

Autour_
D'Un Parfum

D'Éthiopie_

Noir/e_
Tel L'Arabica

Est_ La Corolle_
La Plus Pourpre_

*Clair/s_
Comme_ Ses Reflets_*

En Surface_ *de
Sphères...*

Les Lueurs_
De La Fleur_

N'Invitent_
Pas Aux Songes

Mais_ A
L'Ivresse_
Sans Clameur/s...

De L'Aurore_
Sans
Fin, Attestée...

161.

Entre_ La
Fleur_
Que Tu N'As
Pas Vu...

x L'Oiseau_
Timide_
Qui Bat_
Des Ailes...

Il Y a,
Une_ Rosée
Qui Perle_
Lentement_
Aux
Abords_ des
Pétales...

'AKA'

162.

*Même_ Le
Derviche_* Le
Plus Égaré_
Maîtrise_
Les Versets_
x Le Livre...

*Même_ Le
Sadhu_* Le
Plus Soul_
Reste Lucide_
Dans Son
Ivresse...

L'Horizon
Est Plein
de Corolles Aux
Vertus_
Circulaires...

*L'Oraison_
De L'Art_* sans
Paroles_
A Tracé_ des
Gestuelles_
En Esquisses...

'AKA'

163.

I/

J'Ai Trop_
Célébré_
Le Vin,

Pour Ne Pas
Finir_
Persan_

Dansant_

Sur Le
Versant_ de L'Inde...

Versifiant_
En Mots_ Stricts
x Alignés_

Par Un Style
Calligraphique
Pur_
Résolvant_

Les Ambiguïtés_
De ce Qu'Il
Y a A Faire_

Par Évidences_
Tronquées...

II/

J'Ai Vu
L'Inde_
Dans Sa
Majesté_

Telle Une
Corolle_
Replète...

Calligraphier
La Beauté_
En Poésie_

Sur Le Dos_
D'Un Poète...
Très Ivre.

Avant_ qu'Il
N'En Délivre_ des
Versets...

Sous_ Le Sceau_
De L'Aurore...

x D'Une Lune_
Diurne_ Encore...

'AKA'

164.

Entre 2 Indes_

Se Lève_
Une Lune_ de
Clarté...

X Les Fleurs_
Sont Coquettes_

Comme_ Issues_
De Deux_

Îles...

A L'Horizon_

Fragmenté...

En Nuances_
x Teints_

Mais Bientôt_
Réunis_

Dans Un Océan_
De Pourpre/s_

'AKA'

165.

Je Détiens_
Le Sabre_ x Un
Verre de Vin

M'Attend_ A
L'Horizon_

J'Ai de Quoi_
Combattre_

Les Ténèbres_

x Trouver_
Le Chemin de La
Vie_

Le Raisin_ Est
Proclamé...

La Raison_ En
Est_ L'Élévation_

Du Cœur_
Empourpré, x
Ailé_

Dans Les Horizons_
Des Aurores_
Éclatantes_

166.

Nulle_ Couleur
Imbibée_
De Vin_ x de
Lumière...

*Nul_ Teint_*
*Ou Tonalité_*
*De Nuance/s_*
*De Pourpre_*
Auréolés...

N'A A Douter_
De La Clarté_
De L'Un_

Sur Le Chemin_
De L'Ivresse_
La Plus,
Foudroyante_

La Gloire_ du
*Raisin_*
x Du Vin_ Est
D'Avoir Vaincu

Le Funeste_ x
Le Sombre...

'AKA'

167.

'AKA'... Le Frère_
Des Partisans,
De Celui qui
Est Élevé...

Le Frère_
De Ceux_ Qui
Sont_
Engagés_ Sur
Le Chemin...

*A Choisi_ Le
Vin x La
Poésie_*

*Afin_ de
Donner Sens_
Aux Versets_ de
L'Aube...*

Tracés_ Par Le
Vol_ des
Oiseaux_

L'Envol des
Pétales_

*x Les Doux pas
Des Gazelles...*

168.

Frère_ *Occulté*

Imam_ du Vin_
Pourpre_

x De L'Ivresse

Des Fleurs_
Jolies_
Des Horizons...

Éclairés_

*Où Vas-Tu Comme
Cela_?*

A Danser x
Psalmodier...?

Prêches - Tu La
Poésie...?

x L'Ivresse_
En Corolles_
Pourpres...?

Assurément_ Je Le Sais...

La Brise_ me L'A
Soufflé_ Aux Oreilles...

169.

Le Prix_
D'Un Frère_
Est Celui de La
Liberté...

Pour Toi, x Pour
Lui_

*Pour Eux_ x Pour
Nous...*

Pour Tous Ceux_
*Qui Ont Vu_
L'Orée de L'Aube*

*x Des Corolles_
Indociles_ En Art,
x Insaisissables...*

Le 2_ Veut
Que Tu Aimes Ton Frère_

*Sans Chercher, A Savoir_
Qui Il Est...*

Le 1_ Veut_ que Tu Boives
du Vin_

*Pour Le Prix_
D'Une Brise_ x du Sirocco...*

170.

Je Vois_ dans
*Le Raisin_*
L'Occasion_ de
Lutter Contre
Le Mal...

Quelle Que_
Soit_ La Forme
Qu'Il Prend...

*Quelle Que_*
Soit_ La Route
Qu'Il Prenne...

Pour Duper_
x Semer Le Trouble

Là Où L'Ivresse
Dis/:

Cesse de Réfléchir

x Aime...!

'AKA'

171.

J'Ai Dans_ La
Main_

Des Perles_ de
Toutes Les
Couleurs...

Comme Autant_
De Beauté/s...

Invoquées_ Au
Sérieux...

De Méditer...

Le Chant_ des
Oiseaux...
x Le Parfum des

Fleurs...

Tels Autant_ de
Souvenirs, Précis_

De L'Ivresse...

'AKA'

172.

Dans La Transe,
Circulaire_

De L'Ivresse_

Je Suis_
Rond...

Derviche_

x Vêtu_ de
Pourpre_ Fin...

Je Vois...

Les Sphères_
Perles_
Rondeurs_ x
Les_ Cercles...

D'Autant de
Billes_ de
Raisin/s....

Que de Vin_ qui
Coule_ A Flot/s.

'AKA'

173.

Une Droite_ x
Un Segment_
Pour La Tige...

Des Sphères_ x
Perles_
De Raisin_
De Différentes,
Dimensions... ...

M'Ont Mené_
Dans Les Plans_
Parallèles_ de
L'Ivresse_ La
Plus_ Fleurie...

Par Delà_
Les Mensonges...
Des Formes_

Évanescentes...

La Lettre_ Pure_
Est Sans_
Nombre...

Mais Pas_
Sans Pourpre_
Sûr...

Je Bois Le Vin,
x Succombe_

A La Science_
De L'Homme, Ivre.

'AKA'

174.

Ne Me_ Montre_

Pas

Ta Beauté... ...

J'Ai Les Yeux_
Clos_

x Le Cœur_
Ouvert...

J'Ai Les Mains,
Qui se Posent_

Sur Les Pétales,
Veloutés...

J'Ai Le Sourire_
Osé_

Pour Comparer_
La Lune_

A Une Colombe...

Prudente... ... ...

'AKA'

175.

Ne Me_
Cache_ Pas, Ta
Beauté...

*Le Cachet_ de
Ton, Parfum...*

*x Le Sceau_ de
Tes Lèvres_*

A Donné_ Au/x
Silence/s_

*Des Allures_
D'Indécences...*

Indues_

Un Doux_ Si Lent...

Taquin_

Insolent...

Dessein...

A Fait Naître_
Un Bouton_

Éclos_ De Tes Mots...

176.

Je Respire_
Le Parfum_ de Tes Perles_

Ô, Raisin_

Aux Goûts_ Fleuris

x Voyage_ A Travers_ Les
Sphères...

Comme_ A Travers,
Toi...

*x Tes Horizons_
D'Ivresse/s...*

... Les Mondes_

Les Dimensions_

Des Plans_ Imprévus...

x Des
Orbes_ Éclatants...

Ont Montré_ Le
Contraste_

D'Être x du Non_
Être...

De Tout ce Qui_
Existe...

'AKA'

177.

Je Chemine_ Dans
La Clarté_ des
Dimensions

De L'Orient_
Interne_ x Parallèle

Aux_ Terrains_

De Jeux_ des
Mondes... Éclos_ x
Clos...

En Vertu_ de
L'Ivresse_

x Des Voyages_
Du Pèlerin_ Ivrogne...

En Quête de Liqueur_
Fleurie...

178.

Le Raisin_ A
Désigné_ Par Les,
Derviches...

Des Princes_ de

L'Ivresse...

x Les Dévots_

N'En Ont Pas_

Voulus...

Les Perles_ Comptées...

Aux Parfums_ de
Musc_ x de

Fleurs...

N'Ont pas Révélé

Le Secrets_ des
Sphères...

x Des Courbes_ de
La Lune...

'AKA'

179.

Tel_ Un Oiseau_
Libre_ de Voler...

Telle_ Une Plume,
Virevoltante_

Qui Esquisse_
Une Poésie...

De Loin_

x Des Contrées_
Impossibles...

Je Suis, Parti
A La
Conquête_ de Mon Âme...

Sur Le Chemin,
D'Épreuves, Jonché_

J'Ai_ Découvert_
La Beauté_

Des Perles_ de
Raisin...

180.

On Ne Juge_ Pas
Aussi, Facilement

Le Pauvre_ Sur
Le Bord_ de La
Route...

L'Amoureux de
La Gnôle_ x des
Jolies, Fleurs...

Le Derviche_

Qui Danse_ Par des
Gestes_ Rompus_

A La Science_ x
L'Art_

De L'Ivresse_ qui
Tranche_

Entre Le Bien_ x
Le Mal...

Peut Être_ Parlent
Ils

Avec Les Oiseaux...

Peut-Être_ Ont
Ils Vu_ des Anges...

Même_
Ivres_ x Souls... ...???

181.

La Raison_ Ne
Se Prouve que Par
Le Raisin...

L'Oraison_ par
La Bouche Close_
Saluant, Les
Roses...

L'Horizon_

Par Le Géométrie
de Plans Parallèles

De Sphères x de
Courbes_

Qui Vont Droit_ Au
Cœur... Pur.

'AKA'

182.

Entre_ La Lune,
Ivoire...

x Le Soleil_
Sombre_

Sais-Tu_ ce
Qui Existe_ x ce
Qui N'Existe_ Pas?

Compte_ Les
Perles_ Pourpres_

Ô, Derviche...

Le Monde_ N'A
Sans Doute_ Jamais
Existé...

Sauf Pour Boire_
Un Verre de Vin,
Encore...

'AKA'

183.

*Tu Peux_ Passer,
Ta Vie*

*A Chercher Tes
Origines_*

Je Pense_ que
Tu Ne Trouveras

Jamais_

*... Le Comment_
Du Pourquoi_*

*Le Fin du Fin_
De La Quête... ....!*

La Coupe_
Empourprée_ Est
L'Une_

Des Raisons_ des
Dunes_ x du Désert_

'AKA'

184.

J'Ai Vu_ Les
Yeux_ Mi Clos...

Une Coupe_ de
Vin_
Au Dessus_ de
Laquelle_

Flottait
Une Fleur_ Pure...

Formée_ Par Les
Effluves_ x
Parfums_ de L'Aube

Reflétée_ Par
Un Jus_
N'Attendant_ que
D'Être_ Bu, x Goûté

Par_ Un Ivrogne_
Se Dérobant...

Vêtu_ d'Une Robe_
Claire...

Pour Affronter_ Les
Songes... !

'AKA'

185.

Al Khôl_ Est
Un *Dieu_*
Très Strict...

Il Veut_ que
Tu Danses_

Que Tu Pries_

Que Tu_ Médites

Sur La Signification
Du Parfum_ des Fleurs...

x La Rotondité_
Des Perles_

Des Saveurs_ du
Vin_ x des

Ivresses...

Déroule_ Le
Tapis_ Rouge_ x

Invoque_ Le
Sourire_ de L'Aube.

Car La Lune_ Est Belle.

186.

Tapis_ Rouge_

Orné_

D'Arabesques_
De Velours_

Telle La Soie_
D'Asie_

Douces...

x Coupe de Vin_
Ciselée_ de
Calligraphies_

Redoutables_
En Versets_

Jolis_ x Poétiques

Me Souhaitent_
La Bienvenue_ Dans

Les Dimensions_

De La Solitude_

Fraternelle...

187.

Dans Les Poèmes,
Est

Résumée_ Toute
La Science...

Dans Le Verre,
De Vin_

Le Salut x La
Vertu...

Vrai Ou Faux_ ?
Qu'Importe... ... !

Va x Songe_!

x Demande_ Aux
Poètes_ Sous Tout

L'Azur_ Sombre.

Si Une Goutte
De Rosée_ Perlée_

N'A Pas Plus
D'Audace_ Claire_

Que L'Aurore... !

188.

La Surface_ de
L'Horizon_ Du Vin_ dans
Le Verre_

Oscille_ de Gauche_ A
Droite...

Lentement...

X Je Navigue
A Perte_ de Vue/s...

X Je Voyage_ Entre Vision/s,
x Icône/s Pure/s_

Du Néant...

Dans La Contexture_
Des Ivresse/s

Entrelacées...

Dans La Coutume_ des
Essences_

x Des Parfums_ Des Fleurs, Inspirant

Les Syncope/s x Transe/s
... ... Des Derviches_ Trop Soûls_
Pour Mourir...

189.

*La Voie_ qui
Mène_ Aux
Aurores_ Est
Tel Le Croissant
De Lune...*

*Je Marche_ En
Ivrogne_
Ivre_ de Vertu/s
x de Volupté/s.*

L'Ivresse_ du
Néant_ de
Songes_ x L'Al Khôl
De Clarté...

M'Ont Réservé_
Un Verre_ Après_
Les Versets_
Auxquels On_
Succombe...

*Allongé_ Au Cœur_
Des Vignes...*

Étourdi, *des Vendanges_ x des
Comptes_ de Perles...*

Dans Un Nouveau_
Désert_ Orné_ de Fleurs... ...!

Les Anciens
Parlaient
En Vers_ x
En Poésie...

Ils Buvaient
Du Vin_

x N'Osaient
Effleurer_
Les Fleurs_

Mais Ivre_
De Parfums
x D'Essences_
Raffinées...

Ils Parcouraient
Le Monde_

Sans Sortir_
De Chez Eux_

'AKA'

Avant de Dire

Que Tu Sais_

Comment_
Pousse Une
Fleur...

*Ou de Quelle
Manière_
A Éclos_ Sa Corolle*

*Ou Comment_
Le Vin_ Perle_
En Rosée...*

Demande_ Toi_
Si Tu Sais

Ou Ne Sais_
Pas...

*Ce Que Aurore,
Veut Dire...*

'AKA'

Entre 2 Indes – La Lune
/Texte Inspiré Par Les Cultures Originelles De L'Océan Indien x Par La Sphéricité de La Terre

Entre 2 Indes_
Est La Lune...

Entre 2 Ondes_
Est
La Ronde_ Perle_
Des Aurores...

'AKA'

I/

Comme_ Le
Derviche_ Ou Le
Sadhu_

Qui Porte
A Ses Lèvres_

La Coupe_ de
Vin_ De Miel
x De Merveilles...

J'Opère_ Un
Retour_

Vers L'Horizon
Des Deux Indes...

La Sphère du
Soleil_
Pourpre_

Qui Illumine_

De Kumari_
Kandam...
A Bénares...

A Fait des
Rives_ du Gange

Des_ Flots_
De Lumière Pure_
Pour Les Fleurs
De Lotus_

II/

Le Vin_ Est
Doux_

Comme_ Ta Peau_
Si Pourpre...

x Ta Danse_
Hypnotique_

M'Eveille_ Au
Sacré, des Sens_

x Des Parfums_

Par La Poésie_
De Tes Mains_

Qui M'Invite_

Au Recueillement_
Par Ses Signes...

L'Horizon_
Est Serein...

Et La Lune_
M'Illumine_ Telles
Les Fleurs...

De Ton Corps_
De Divine_
Maîtresse... Digne.

Mais_ Enivrante...

III/

J'Ai_ Eu des
Perles_ de
Dreadlocks_
Naissantes...

x J'Ai Porté_ La
Barbe_ du
Lionceau_

Prêt à Bondir...

Tels_ Les
Rayons_ de La
Sphère

D'Eau_ Pourpre_

Les Tresses_
Ont Attesté_ de
La Gloire

Des Deux Indes_
Réunies...

Donc_ Marche_
Humblement...

Si_ Le Paradis_
Te Rend Visite...

x Avant de Partir
Médite_
Le Levant_ qui
Resplendit... Si
Bien_

IV/

La Graine_ de Lotus_

A Vu Venir_

Les Eaux Sombres_ De la Détresse...

Mais Ta Peau_ Illumine_

Jeune_ Déesse_

x Ton Flot_ de Soupirs...

Me Procure L'Ivresse... Tant Attendue...

x L'Égarement_ Béni_

Que J'Apprécie_

Comme_ Entre
Deux Indes_

Perdu...

Comme_ Entre_
Deux_ Fleuves...

Fleurit_

La Corolle_ de
Lotus...

V/

Le Soleil
des Deux Indes_
Est Venu_

Comme Un Éclair
d'Orient...

Le Soleil des
Deux Indes_ Est Venu...

Comme Une Fleur_
Pure...

Comme Une Fleur
Prude...

Comme Une Fleur...

Au Bord de La Rive...

Au Bord de La Rive_

x de La
Rivière...

Au Bord de La
Rivière...

Il Y a L'Ivresse_
x Les Tourments...

'AKA'

- FIN -

Par Le Chapelet_
x Par_ Les Perles...

*Je Suis_ Entré_
En Iran_ Par Une
Voie_*

Interne...

*x J'Y Ai_ Vu_
Des Roses_ Ébènes.
Aux Parfums_
Troublants_ d'Indécences...*

Qui m'Ont Promis_
Aurore/s_
Aube/s_
x Catalepse/s...!

En me Disant/ : *Sois Le*

*Bienvenu, Ici...!
En Jardins, Fleuris....*

'AKA'

Bio x Infos
Bio/Infos/Bibliographie/Liens/ Discographie x Vidéographie

J'Ai_ Choisi
La Vie_ D'Artiste_
Pour Assumer_
Ma Différence...

x J'Ai_
Embrassé_
La Poésie
Des Derviches_
Pour Ne
Plus Croire
Au Jugement...

'AKA'

Mon Jardin
Secret_ Est
Une Oasis...

Où Poussent_
Des Fleurs, Aux
Parfums, Terribles.

Je Veux
M'Abreuver_ de
L'Eau Secrète, du
Désert...

Je Veux danser,
Jusqu'à Perdre,
Repères_ x Sens...

Syncope/s
x Crises...

Mirage/s_
x Flous_

D'Images_
Diffuses...

'AKA'

Bio

AKA Louis est un Poète et Créateur de Dessins Artistiques, Auteur d'Opus Poétiques Littéraires, Audio et Visuels. AKA Louis publie régulièrement de nombreux ouvrages, parmi lesquels, des Recueils de Poésie, évocateurs, et rafraîchissants, ainsi que quelques Recueils d'Esquisses Couleur, accompagnés de Textes liés à des thèmes forts et inspirants.
Les Dessins Artistiques d'AKA Louis, sont des Créations qu'il nomme 'Esquisses Colorées', et qui se situent entre le Dessin et la Peinture...
Pour exprimer et partager, son goût d'une Vie Intérieure fleurie, et positive, AKA Louis utilise les Feutres à Alcool, Les Pinceaux, L'Encre de Chine, et toute une variété de pointes fines et biseau traçant la Beauté du Monde, et l'Originalité saisissante de l'Art de Vivre authentique.
Les Œuvres Graphiques d'AKA Louis tendent, en partie, à se diriger vers la Peinture sous une forme expressive et abstraite...
Le Nom de Plume d'AKA Louis, fait d'abord référence, par Jeu Phonétique, au vocabulaire Japonais, mais peut aussi s'interpréter selon une lecture originale de différentes Langues Orientales.

On y retrouve les Notions de 'Frère Ainé', d'émotions liées à la Couleur Rouge, à la Clarté et à la Lumière, ainsi qu'à l'Ivresse, à la Marge et au Plaisir de Vivre. AKA Louis est également Musicien et Lyriciste sous un autre nom d'Artiste, en tant qu'Auteur, Compositeur, et Interprète de nombreux Projets Musicaux.

Contact

akalouis.plume@yahoo.fr

Liens

Twitter

@AKALouisPoete
https://twitter.com/AKALouisPoete

Facebook

https://www.facebook.com/akalouisecrivain/

YouTube

Chaîne :

AKA Louis/Poète x Illustrateur

Tumblr

http://akalouisecrivain.tumblr.com/

AKA Louis/*Silent N' Wise*

http://akalouis.silentnwise.com/
www.akalouisportfolio.silentnwise.com

Ouvrages de l'Auteur
(Liste Non-Exhaustive)

Les Axiomes Démasqués
(Recueil de Textes et Nouvelles) (2015)

Féeries
(Recueil d'Esquisses Colorées) (2017)

Les Quatrains Libres (2017)

Les Quatrains Libres *(Vol. 2)* (2017)

Le Recueil D'Esquisses Colorées
(63 Croquis Colorés et 7 Textes Poétiques)
(2017)

The Colored Sketches Collection
(63 Colored Sketches And 7 Poetic Texts) (2017)

Origine/s
(Un Pamphlet Poétique) (2018)

L'Alcool Fleuri de L'Aube
(Collection de Tweets x Autres Inspirations Poétiques) (2018)

Derviche/s
(Portraits d'Anachorètes en Peinture/s)
(2018)

Dervish/es
(Portraits of Anchorites in Sketche/s)
(2018)

Le Frère
(Salutations à Mes Frères en Ivresse/s)
(2018)

Ô, Rose Noire d'Iran
*(Pèlerinage Vers L'Unité
Interne de La Beauté)*
(2019)

Vision/s
*(Éloge de L'Intuition Pure et de
La Vision Interne Sans Formes)* (2019)

Le Disciple de La Colombe
*(Une Œuvre Poétique En
Hommage à Malcolm X)* (2019)

La Proclamation du Raisin
*(Manifeste Poétique
d'Ivresse/s & de Délivrance)* (2019)

Audio x Vidéos
(Opus Sonores x Visuels)

Films Poétiques
(s/ YouTube)

POEMes CRISToLIENs #1
(Créteil, La Cité De L'Aube, Part 1 x 2)

POEMes CRISToLIENs #2
(Peinture Murale, Part 1 x 2)

Un Poète…
(Esquisses de Déclamation/s Poétique/s)

Les Poèmes d'AKA – Série de Vidéos

ô, Rose Noire d'Iran/ *La Déclamation…*

Le Disciple de La Colombe
– *L'Éloge… (A Paraître…)*

Opus Audio
(s/ Bandcamp)

POEMes CRISToLIENs #1
Créteil, La Cité de L'Aube

POEMes CRISToLIENs #2
Peinture Murale
/Un Hommage Au Graffiti

Corolle/s

ô, Rose Noire d'Iran/ La Déclamation

Entre 2 Indes

AKA Louis
Conseils de Lecture /1

Mes meilleurs ouvrages sont mes recueils de poésie. Ce sont les seuls que je conseille, aux lecteurs, désireux, de connaître ma littérature. Les plus notables sont : 'Les Quatrains Libres' Vol. 1 et Vol. 2, ainsi que 'Le Recueil d'Esquisses Colorées', qui contient plus de 63 'croquis' couleur, et dont des exemplaires, traduits, sont disponibles en anglais. 'Ivresse de l'Eau', qui évoque le Temps Originel, comme une bonne part de mes livres, de manière plus ou moins évidente, est un Livre intéressant, mais il contient des maladresses, tout comme 'Origine/s', qui reste un Ouvrage audacieux. Mes autres travaux sont plus ambigus, en termes de valeur littéraire, et d'interpellation du lecteur, selon moi. 'Les Axiomes Démasqués', m'ont valu d'excellents commentaires, et critiques de lecteurs, captivés par sa narration, et sa singularité, mais sa syntaxe, et son esthétique formelle, reste pour ce qui me concerne, plutôt, inaboutie… C'est un livre, particulier, que j'ai écrit, pour régler, une dette, que j'avais envers la Vie… Je ne le conseille pas nécessairement, mais, il reste disponible à la lecture. 'Asymétrie Paradisiaque', et 'Ballade Anti/Philosophique', ne sont plus disponibles depuis le mois de Mars 2018…

AKA Louis
Conseils de Lecture /2

Les ouvrages publiés à partir du 'Recueil d'Esquisses Colorées' seront a priori d'un intérêt littéraire plus solide que mes tout premiers travaux poétiques, mais aussi d'une maîtrise plus aboutie en termes de proposition littéraire. 'ô, Rose Noire d'Iran' est, dans le fond comme dans la forme, un de mes meilleurs projets. Voici, dans un ordre aléatoire, une liste de mes ouvrages les plus incontournables :

'Le Recueil d'Esquisses Colorées'
'Derviche/s'
'Le Frère'
'Ô, Rose Noire d'Iran'
'Vision/s'
'Le Disciple de La Colombe'
'La Proclamation du Raisin'

Dans La Clarté_ des
Épreuves_ Vaincues_

La Voie_ du Raisin_

Est La Voie_ de
L'Iris_ Un_
Derrière_ Les Paupières,
Closes...

Des Aurores_ Non Irisées,

Par Soucis_ de
Vertu_

M'Ont Permis_
Une Ivresse_
Qui Ne Heurte Point_
Mais Délivre...

L'Horizon_
Est Empourpré...

x Le Cœur_ se Sent
Pousser_ des Ailes...

'AKA'

AKA Louis
La Proclamation Du Raisin

*Le Frère M'A Dit_*

*J'Aimerai_ m'Étourdir_
Des Parfums de
L'Art_ Avec Toi...*

Je Lui_
Ai Dit_ *Non, Cela_
N'Arrivera_ Pas*... !

Il M'A_ Dit_ *Si_*

Viens, Avec_ Moi...

*Je Veux_ Respirer_ Le
Parfum_ des Fleurs...*

x M'Allonger_
Sur La Natte_

*Pour Contempler_
Les Rêveries...*

'AKA'

Entre Mes Mains_
Les Grains_
Les Perles_

Qui Procurent,
La Paix_

x Le Vin...

Sur Mon Tapis_

Les Fleurs_
Qui Songent_

A Embrasser,

Vie_ x Vertu

'AKA'